東京学芸大学附属世田谷小学校
［著］

学び続ける
シリーズ
3

# 自分の学びに自信がもてる子ども

東洋館出版社

# はじめに「学び続ける共同体」

　2020年の新学習指導要領全面実施が目前に迫り，2018年から先行実施ということで，小学校では外国語活動，特別の教科道徳，プログラミング学習をはじめ，積極的な動きに包まれつつある。期を同じくして，国立大学附属学校の存在意義についてはかなり厳しい問い直しがある。地域の公立学校に対してどのような役割を果たせるのかという視点での，学校の在り方の検証が求められている。教員養成，教員研修，教育研究の3つの柱は基本業務であるが，その成果が公立学校に還元されるだけの内容・表現になっているかが問われる。

　世田谷地区附属学校の，東京学芸大学中期目標の中での位置付けは，先進的な教育の実践と，現職教員研修の実施である。後者は前者の成果によって濃密となる。本校の存在意義の重心は，先端的な教育の実践研究にある。

　本校の特徴は，非序列的な，子どもの相互啓発的学びの推進にある。

　序列的教育は，人を均質画一的ラインに投影して数量化する。それは標準化された労働の増進には効率的であっただろう。画一的教育と序列化は現在も健在である。しかしそれが今後50年の社会を自らつくり出す上でも同様に有効であるという信念は，もはやフェードアウトしている。未来を生きる子どもたちは，多様性を武器として，異質な価値を生み出して行かねばならない。

　非序列的教育では，子どもの多様化，異質化を尊重する。通常この方向では個々の児童・生徒への個別支援を手厚くすることで能力を高めようとする。本校では，指導者や支援者を殊更増強するのでもなく，子どもを細かな単位あるいは個別に分けて個別の思いに沈潜させることもしない。

その代わりに，子ども同士で先生になったり生徒になったり，あるいは専門家になったりして関わり合い，教え，教えられて学ぶ相互啓発的集団を育成してきた。このような生活は，子どもの，楽しい学校，自分たちの考えたことを実現できる学校，という感想につながる。

　ではその反面として，序列的評価の対象となるような学力が欠落する，あるいは競争力が育たない弊害があるかというと，多くの競争力も備えた自力のある子どもが育っている。放課後の塾通いによる，という反論もあろう。ただし，本校の教育が家庭学習のインピーダンスという批判は顕著でない。

　相互啓発的学びは，学びを社会化するものであり，子育ての社会化と連携する。相互啓発による学びを身に付ければ，社会のどこででも人々とともに創造的な学びが可能になる。学びを基に人間社会を改善することが期待される。

　しかし一方，相互啓発的集団からは離脱してしまう子どもも，少数ながら存在している。そこでは子どもの抱える課題の多様性が問題になる。教室内の相互啓発は，離脱してしまった子どもたちには及ばない。しかし，集団は個を忘却してしまうのではなく，個もまた，直ちに人間の関係性を完全に失うのではない。時間の概念が必要である。教室にも個にも差し伸ばす手がある。それは非序列的相互啓発の体質とでも言えるのではないか。ともあれ，個を尊重した支援のかたちの検討には，不断の取組が求められる。

　これらの知見は本校独自ではなく，一般的に十分通用する内容であり，顕著であれ潜在的であれ，多くの学級担任をもつ教師が心に描くものではないか。相互啓発的な学びのコミュニティは今後とも本校の教育の屋台骨である。

　今後はどうか。未来の社会を生き，幸福を増進し，人間の能力を発揮するために何を学ぶべきか。学びの内容と方法について，教員の経験と学問的能力とを最大限に発揮して検討すべきときである。教員は，子どもの身近な，最も深く考え，工夫を極める人間である。その在り方が子どもを触発する。言語，アブダクションを含む論理，身体と活動など，教員が肌で感じ蓄積してきた知の中に，子どもにとって指針となるものが埋め込まれている。それをかたちにして実践に付することが，今後の本校が課題とするところである。

学校長　松浦執

# CONTENTS

世田谷小学校の１日 …… ii
はじめに …… 001

## |第1章| 理論編

- 「自分の学びに自信がもてる子ども」を育む学校の創造 …… 006
  ―学び続ける共同体をつくる授業デザイン―
- 「自分の学びに自信がもてる子ども」を育む学校の創造にたちあって …… 016

### COLUMN
- 世田谷小学校の特色 …… 020
- 代表委員会 …… 021
- LEGO 部２ 〜藤棚の活動から〜 …… 022
- 地域班活動 …… 023
- 情報教育 …… 024
- メディアルーム …… 025

## |第2章| 実践編①

国 語 科【第6学年】長編物語に挑戦してみよう …… 028
社 会 科【第6学年】私たちの学校と戦争 …… 038
算 数 科【第3学年】どうして保健室に来た人が
　　　　　　　　　こんなに多いのだろう？（『表とグラフ』）…… 048
理　　科【第6学年】燃焼の仕組み 〜マイストーブをつくる〜 …… 058
音 楽 科【第5学年】わたしたちの発表会 …… 068
図画工作科【第1学年】３くみしょうてんがい 〜わくわくニュース〜 …… 078
体 育 科【第5学年】時間を操りチャンスをつくれ〜３×３〜 …… 088
道 徳 科【第2学年】私にとって“いのち”ってなんだろう？ …… 098
総合学習【第4学年】KTKT 〜勝手に東京観光大使〜 …… 110
　　　　【第2学年】自分をみつめて 〜自分の成長とまわりの○○〜 …… 116
　　　　【第3学年】りりりりりりりりプロジェクト …… 122
　　　　【第6学年】６－３大道芸 〜ステージ６－３ …… 128
健康教育【第5学年】受け継がれる食材 〜味噌の未来〜 …… 134

## |第3章| 実践編②

生活実践　宿泊行事 …… 146
生活実践　藤の実フェスタ …… 151

おわりに …… 156　　　教育研究同人一覧 …… 159

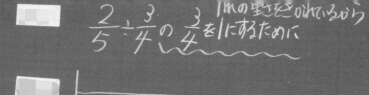

# 第1章 理論編

# 「自分の学びに自信がもてる子ども」を育む学校の創造 —学び続ける共同体をつくる授業デザイン—

## ✎ はじめに

16年前に本校を卒業した教え子に「6年間の小学校生活を振り返って，自分に何が育ったと思うか」と尋ねたことがあった。彼はすぐに「自信をつけさせてもらいました」と返答をした。小学校で経験したことが今の自分につながっていると話をしてくれた。

低学年の頃の彼は，引っ込み思案ではあるがじっくりと考えるマイペースな子だった。学級で取り組んだのは，一人一人が自分の本を書いて図書館を開き，皆を招待する活動だった。

中学年の頃，学級で取り組んで皆の注目を集めたのは商店街の活動だった。彼は中央につくられた舞台で担任と数人の踊り手たちと一緒に踊っていた。他にも，バラエティショーをしたり，劇をしたり，学級の皆で様々なものをつくっては積極的に発表していた。この頃から徐々に自信を抱くようになったのだろう。

高学年になると音楽会の指揮者に立候補した。中学年から音楽の授業で挑戦してきたドラムや，学級で取り組んだ劇でも自分なりのこだわりをもって追究していた。

もちろん他にもたくさんのできごとが6年間にはあった。その中には成功体験のみならず挫折をした経験もあったろう。しかしこうして，自分がかつて歩んだ道を「自信をつけさせてもらいました」と振り返ることができるのは，とても素敵なことではないだろうか。自分なりの手応えをつなぎ，その先の道を見いだしながら進んだ彼の学びが，彼の「自信」になっているのだと思った。

今の本校の子どもたちにも，自分が学んだことに自信をもって欲しい。そして，自分の学びを次の問いへとつなぎ，学び続ける愉しさを味わって欲しい。これが，本研究の根幹となっている。

## ✎ 「自分の学びに自信がもてる子ども」を育む

「わかる」「できる」を目標に学びを進めていく場面で，子どもたちの『自信』

は育まれているだろうか。私たちは，その学びの過程で何が育まれているかという点に着目して授業研究をし，教師の授業改革の糸口を見いだすことを本研究の目的に据えることにした。そのために子どもの学ぶ姿によりそい，子どもが自ら学びを進めていくために何が必要か，またどのような手立てが有効か，その際の教師の視点は何か，その指標はどのような子どもの姿なのか，これらを本研究の追究課題とした。

　低学年の朝の会，皆に言いたいことがあると手を挙げる子がいる。「今度，みんなで『どうぶつえん』をつくりませんか」と提案した。それを聞いた子たちはすぐさま反応を示す。「いいねー！」「で，どんな『どうぶつえん』をつくるの？」教師は子どものやりとりを聞きながら，子どもたちが描いている『どうぶつえん』のイメージが共有されていくよう，ときには聞き返したり，板書をしたりする。「ぼくたちが動物になって，お客さんが見る『どうぶつえん』をしたい」という意見で一気に皆のイメージが重なり，活動が始まった。

　つくりたい動物ごとに集まって相談をしながらつくった。長い鼻をつくって象になったり，黒い画用紙を目に貼り付けてパンダになったり，コブラを体に巻き付けて頭の上からペロッと舌をのぞかせたり，楽しい『どうぶつえん』ができあがった。この活動を終えた子どもたちは，次は『おまつり』をしたいと話し合いをしながら決めていった。

　私たち教師は，子どもたちが「すごく楽しかった」「してよかったな」「がんばったよね」と仲間と手応えを交歓できる活動を展開したいと考えている。こうした手応えから，次の活動でも「きっとできるさ」と，課題を仲間と乗り越えていってほしいと願っている。この「きっとできる」と子どもが思えるようになる授業をつくりたい。

　「自分の学びに自信がもてる子ども」を育むことは，自分の手応えを礎に次の問いを見いだし，自ら学びを進めていける子どもを育むことと捉え，授業をどのようにつくればよいかを見いだしていく必要があると考えた。

## ✎ 「自信」を考える

　ところで『自信』とはどのようなものなのか。「自信がある」や「自信がない」など，一般的によく使われる言葉ではあるが，漠然としていて第三者から見取

ることは難しい。『自信』はたいへん主観的なものであり，たとえ同じことができたとしても，それがその子の『自信』になるとは限らないからだ。また，『自信』と『謙虚』を対極に置くと見えてくる「不遜な自信」は，決して歓迎されるものではない。「自信をつけさせたい」と言っても，その子によって期待される『自信』も，実際にその子が抱く『自信』も一様ではないのである。

　そこで，私たちは「『自信』とはこのようなものである」と安易に定義しないことにした。授業研究を重ねながら，本校の目指している「自分の学びに自信がもてる子ども」の姿を見いだし共有する，という道筋で研究を進めることにしたのだ。各教科・領域の各部会をつくり，それぞれが『自信』を視点に育てたい子ども像を描き「目標」を考えた。その目標を基に，授業者は子どもの学ぶ姿を見取りながら，授業をつくっていくことにした。後に続く実践編で描かれている子どもの姿は，授業者が見取ったその子の「自分の学びに自信がもてた姿」であり，その姿をどのような道筋で育んでいったかの記録である。

## 「学び続ける共同体」と「自信」

　「学び続ける共同体」を私たちは“協働して学ぶ姿が連続する状態”と捉えている。これは，その子の学んだ実感と，仲間とのネットワークによって結ばれた共同体による学びを，意図的に積み重ねていくうちに，一人一人が学ぶ楽しさや満足感を味わい，学びが連続していく状態を指している。このとき，その子は自分の学びにどのような感覚を抱いているだろうか。私たちは，きっとそこには自分の学びに『自信』をもち，次に来る新たな取組に対して期待をもって立ち向かえるその子がいるのではないかと考えている。

　そこで本研究では，「学び続ける共同体をつくるには，一人一人の子どもが『自分の学びに自信をもつこと』が有効なのではないか」という仮説を立て，教師が実感を伴って検証していくことを研究の終着点に据えた。

　私たちは本研究を通して，自分の学びに『自信』をもつためには「学びの過程の振り返り（フィードバック）や自覚（メタ認知）」と，「学びが広がったり進んでいったりする実感」が有効であることを共有することができた。また，一人一人が協働する学びの中に位置付き，それをその子が実感しながら（＝自分がその学びの中に生きていると感じたり，貢献できていると感じたりしなが

ら）教育活動に取り組む姿を見取ることで，その子の「自分の学びへの『自信』の度合い」を推しはかれることがつかめてきた。また，各教科・領域で描いた「自分の学びに自信がもてる子どもの学び」が，「仲間とつながり，問いが連続する学び」である点で重なっていることも見えてきた。そして，このような学びをする子どもたちは，

- ・仲間の学びに共感する姿
- ・協働してきた仲間との学びを共有している姿
- ・自分が学びの共同体の一員であることを自覚している姿
- ・自ら問いを連続させ，学び続ける姿

を表しながら自らの学びを展開していることも共有することができた。

## ✏ 授業をデザインする

「授業をデザインする」という言葉を最近よく耳にするようになった。指導計画を立てることと，何が違うのか。まずはここをおさえたい。

授業の計画を立てる際，教師は教材研究をし，子どもの実態を見つめ，プランを練る。そしてプランを実行するために，その手順を時間軸に沿って表し，具体的な教師の手立てを記した「指導計画」を作成する。このように作成された「指導計画」と「授業デザイン」とは何が違うのだろうか。藤江（2010）は「様々な出来事が絡み合い，時間の中でその様子を変えていく，まるで生きて動いているように見える授業における教師の仕事は『授業のデザイン』ととらえられる。デザインとは，『事前の計画』よりも広い意味にとらえられている」と授業デザインを説明している。

本研究においては，以下のような「指導計画」と「授業デザイン」との違いや，授業をつくる際のキーワードをあげ，教師が子どもの学びを見取りながら授業を進めていく指針を描けるようにした。

- ・「授業デザイン」は，「何を学ぶのか」に焦点をあて，授業展開のコンセプトを明らかにしたものである。
- ・「指導計画」は，何をどのように教えるかという，教師の視点に立ったマニュアルともいえる。授業展開のプロセスを計画したものである。
- ・「授業デザイン」は，子どもと教師と学習内容が出会ってはじめてつくら

れるため，普遍性よりも，そこでこその学びを重視した授業設計と捉える。
・「指導計画」は他の教師が追試できるよう，普遍性を志向して作成される。
・「授業デザイン」をする際，次のキーワードを念頭に入れ，学習内容や学習活動の実際を描く。動機付け，興味，好奇心，満足感，学習意欲，直感的な学びを仕組む，足場づくり。

なぜ「学習デザイン」を掲げて授業を構成しようとするのか。それは，「子どもに何を教えるか」というこれまでの授業観から，「子どもは何を学ぶか」を主軸にした授業観に軌道を変えるきっかけとするためである。よって，どのような道筋で描いた授業のコンセプトに子どもの学びを展開するか，そのための教師の手立ても視点を変える必要があった。その場での要求を満たす支援を表す"ヘルプ"から，子どもが支援を受けた場面の外で，新たな課題に取り組めるようになる支援を指す"スキャフォールディング"を意識したものに教師の支援を変化させることで，子ども自身が学習意欲をつなげて展開する授業を目指した。

## 「個の学びのモデル」

自分の学びに自信をもち，仲間とともに学び続ける子どもたちは，どのような学びの道筋をたどるかを，私たちは「個の学びのモデル」として描いた。図は「子どものよい学びの在り方を，私たちはこのように捉えている」，という観点からつくったもので，一人一人の学びを教師が捉えるフレームとした。右の図では，下の丸を学びはじめの「その子」の姿，上の丸をこの単元・活動を学び終えた「その子」の姿とした。その子がつくった学びの土台から，自分の学びが広がっていくことを感じ，仲間との協働的な学びを通して自分の考えを構築し，自ら課題に正対してい

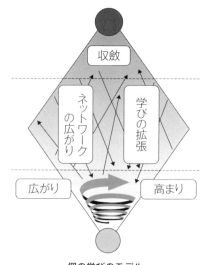

個の学びのモデル

く中で学んだことが自分の中に収斂され，次の学びに生かせるようになっていくという質的な変化を表している。

　例えば，体育の授業で台上前転ができるようになった子が，なかなかできずに苦労している仲間に対して，自分ができるようになった経緯を振り返りながら一緒になって活動している場面を考えてみよう。その子は仲間の動きをよく見ながら自分との違いを見いだし，「自分はこうしたらできるようになった」と踏み切りの仕方や，台上につく手の位置などを仲間にアドバイスをしている。その子は，自分の経験を振り返りながら，一緒に活動している仲間がどのようにしたら跳べるようになるかを自分ごととして活動にのめり込んでいく。少しずつコツをつかんでいく仲間の動きを分析的に捉えるようになるにしたがって，実は自分の学びが再構成されていく。こうしてその子の中に収斂された学びは，新たな課題に出会った際に引き出しやすい形となってその子の中に蓄積されていく。こうして学んだその子の姿を，図の上の丸で表している。

　このように，「できた」ところで学びを終えず，その子が仲間と協働しながら学んだことをフィードバックし，次の学びにつなげていけるよう自分の中に取り込んでいくことを目指して授業を展開することを，授業をデザインすることとした。

## Phase でその子の学びを見取る

　自分の学びに自信がもてる子どもを育むことを目指し，その子の学びの過程を追う中で，緩やかな段階があることが徐々に見えてきた。それを「Phase（フェーズ）」という言葉で表現し，「個の学びのモデル」の図の中に破線で区切りを示した。ただ，子どもの学びの様相は，逐次的に変化していくのではなく，行きつ戻りつしながら進むものであるし，またその段階には明確な境界線があるわけでもない。教師はその

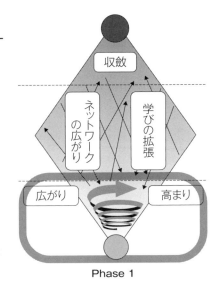

Phase 1

子の学びがどこに向かっているかを，仲間とやりとりをする子どもの姿や，ノート記述，そして学習感想などから見取り，単元の終末に期待する姿として描いたPhase3の姿に近付いていく手立てを考えていくことにした。

Phase1では，その子が「自分の学びに自信」をもって，学びを進めていく土台となる"手応え"を実感していることが重要であると考えた。今後の学びを充実させるためにも，教師は子どもたちが何をつかめばよいかを十分に勘案したうえで授業をデザインする必要がある。学びの展開を見通した教師の課題設定や，子どもたちの追究への支援が鍵を握っている。

また同時に，「できた」「わかった」を見取りつつも，学んだ手応えをその子が感じているかを見取る手立てや評価方法も，活動に合ったものを考えたい。その子が感じている手応えこそが，次の学びにつながると考えているからである。

Phase2では，その子が仲間や学習材とのやりとりを通して，学びのネットワークを広げていくことが大切であると考えている。その子が仲間の意見を聞き，自分の考えが揺さぶられたり学習材を見直したりすることで，自分の考えを深めながら学びを進めている姿を見取りたい。

ここで教師は，その子の学びに問い返しをしながら，揺さぶりをかけたり新たな視点に気付かせたりし，その子が学んだことの実感を得られるよう，学びの振り返りを授業の中に位置付けていく。こうして学んだことをメタ認知することによって，自己効力感が向上し自分の学びに自信をもてるようになっていくと考えた。

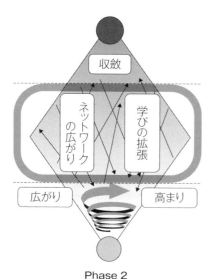

Phase 2

Phase3では，学んだことを自分の中で整理し，自分の学びに生かせるようになることを期待した。単に知識が増えたという量的な結果ではなく，認知レベルの高まりが伴う理解がされ，自ら問い直したり相互啓発的に学びを深

めたりすることを通して，仲間の学びの道筋や学習材のもつよさを感じ，そして一連の学びを自分なりに価値付けていけるようになることを目指した。

ここで教師は，その子がどのような考えをもったか，どこに向かって学んでいるかを様々なその子の姿から見取り，新たな単元・活動につながる"その子の学んだこと"を見いだしたい。

なお「個の学びのモデル」を本書の実践編においては，併記している「単元の流れ」と併せて見やすいよう，これまでの説明とは逆に，Phase1から3を上から下へと流れるように表現して

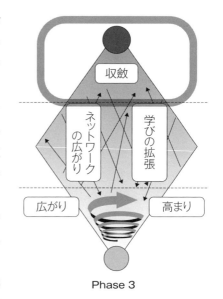

Phase 3

いる。また，単元の始めの子どもの姿を"START"とし，終末の子どもの姿を"NEXT"とした。

そして，それぞれの実践には，授業デザインをする際に，教師が指標とした子どもの学びの道筋を予想したものを掲載している。本書では，その「個の学びのモデル」と，その後に続く実際の授業展開との違いを追うことで，本校の授業づくりの在り方を伝えたいと考えている。

## 生かして伸ばしたいその子の資質・能力―カリキュラム・マネジメント

これまで述べてきたような学びを，1単元にとどまらず，年間や6年間を見通して配列できないかと，各教科・領域で重点単元として位置付けたカリキュラムを作成した。この重点単元を通して「自分の学びに自信がもてる子ども」を育みたいと考えている。

またその表には単元毎に，一人一人の「生かして伸ばしたいその子の資質・能力」（表中には「コンピテンス」と表記）を示し，「学習内容」と「各教科・領域における育てたい子どもの姿」が，どのような資質・能力でつながっていくと考えているかを表した。これによって，学習内容の系統と，それに伴って

育まれるその子の資質・能力を見取る視点のつながりを見通すことができると考えた。この表は，実践編の各教科・領域の考え方を示す際の資料として添付されているので参照してほしい。

## 一人一人の学びを見取りながら，授業をデザインする視点

授業は子どもの学校生活の中で大きな位置を占めている。しかし，教科学習の広がりをつなぎ，新たな学びの可能性を拓く場としての本校の「総合学習」は，まさに「自分の学びに自信がもてる子ども」を育み，子どもたちが「学び続ける共同体」となっていくための場として位置付けられている。また本校の特色の一つとなっている本校の「生活実践活動」も，子どもの育ちに対して大きな影響を与えている。

この「生活実践活動」は，生活づくりと学校文化づくりを統合したものである。あらゆる場面で子どもとともに「つくる」過程を大切にしたい本校の教育過程の中で，子どもが自らの願いや求めを実現していくために，子どもにできることは可能な限り任せ，それをそばで見守りながら支えていくという，息の長い，しかも一貫した指導を必要とする領域として位置付いている。私たちは「生活実践活動」の目標を，「自分たちの願いや求めに応じた活動や体験を通して，ともに生活する仲間と学校生活を創造する楽しさを共有しながら，自主的・自律的な意欲・態度・能力を育てる」とし，代表委員や「卒業の会」実行委員などの各種実行委員の活動を軸に展開している。

このような教科・領域の授業場面以外の教育課程においても，本研究の成果である，「一人一人の学びを見取りながら，授業をデザインする視点」を生かせる場面が多い。本書では，主に各教科・領域の授業デザインの視点や，実際の授業展開，そして教師の手立てを紹介しているが，今後も本研究を広げ，学校全体の教育課程で子ども一人一人が自分の学びに自信がもてるようになるために，学習環境を整えていきたい。

## 研究を支えてくださった先生方

本研究を進めるにあたり，3年間に渡って多くの先生方の示唆を受けることができた。とくに東京大学の藤江康彦先生には2年間の長きに渡って継続的に

関わっていただき，研究の総括として本書にも寄稿していただいた。ここでは紙面の制約もあり，校内研究会でご指導いただいた先生方のお名前のみをあげるに留めるが，自信について，授業デザインについて，カリキュラムについて，そして一人一人の子どもを見つめる教師について，たくさんの示唆をいただくことができた。

| [東京大学] | 秋田 喜代美 先生 | [岡山大学] | 原 祐一 先生 |
|---|---|---|---|
| [東京大学] | 藤江 康彦 先生 | [玉川大学] | 伊藤 冨士雄 先生 |
| [東京学芸大学] | 関口 貴裕 先生 | [北海道大学] | 鈴木 誠 先生 |
| [立教大学] | 黒澤 俊二 先生 | [帝京大学] | 清水 静海 先生 |
| [和光大学] | 大貫 耕一 先生 | [帝京大学] | 清水 保徳 先生 |
| [早稲田大学] | 小林 宏己 先生 | [東京学芸大学] | 坂井 俊樹 先生 |

(校内研究会にてご指導いただいた順)

**【参考資料】**

・秋田喜代美（2012）『学びの心理学　授業をデザインする』左右社.
・秋田 喜代美，藤江 康彦（2010）『授業研究と学習過程』放送大学教育振興会.
・L.S. ヴィゴツキー（1935）『「発達の最近接領域」の理論―教授・学習過程における子どもの発達』土井捷三・神谷英司訳，三学出版.
・J.M. ケラー（2010）『学習意欲をデザインする― ARCS モデルによるインストラクショナルデザイン』鈴木克明訳，北大路書房.
・佐伯胖（2004）『「わかり方」の探究―思索と行動の原点』小学館.
・佐伯胖，藤田英典，佐藤学編（1996）『シリーズ学びと文化6　学び合う共同体』東京大学出版会.
・東京学芸大学教育学部附属世田谷小学校（1999）『相互啓発学習4　だから学校大好き―子どもとともにつくる総合的な学びの場―』東洋館出版社.
・J.S. ブルーナー（1963）『教育の過程』鈴木祥蔵，佐藤三郎訳，岩波書店.

(齊藤　豊)

# 「自分の学びに自信がもてる子ども」を育む学校の創造にたちあって

　本校の研究に，研究者の立場から約2年にわたり参加し，多くのことを考え，そして学んだ。本稿では，本校の研究から学んだことを踏まえ，本校の研究の意味や今後の課題と思われることについて検討する。

## 1．本校の研究の特徴

　一つには，「子どもの学びの事実から出発する」という点である。本校では，子どもの日々の学習経験を豊かにすることを極めて重視している。近年重視されつつあるコンピテンシーベースの教育においては，将来必要となる資質・能力を身に付けさせることが優先されがちである。しかし，日々の学習経験が豊かになり，学ぶことへの価値付けがなされることなしに「生涯学び続ける」ことへの志向は生まれない。教育の目的や価値の多様性を保障するためにも必要なことである。

　二つには，「授業を基盤とした研究」という点である。本校では授業における子どもの学ぶ姿から「個の学びのモデル」を構築し，そのモデルを用いて授業デザインを検討しそのモデル自体をより精緻にしていこうとしている。教師が実感的に子どもを捉える見方を創出すること，授業を学習環境デザインと捉え，本校における学習環境デザインの理論化を志向しその原理を探究している。

　三つには，「教師の学習を保障する」という点である。本校の研究は仮説生成型である。仮説検証型の研究が「分かっていること（予測可能で達成可能なこと）」を出発点としているのに対して，仮説生成型の研究は「分かっていないこと」を模索し「分かった」状態を目指していく。その過程はまさに教師の学習の過程である。仮説を立て検証していく過程で学ぶこともももちろん多い。しかしそれ以上に，仮説生成型研究であるからこそ「自分の学びに自信をもつ」子どもの姿について理解しようとする教師の学習が保障されるのである。

## 2. 本校の研究の意味

### （1）「自分の学びに自身をもてる子どもを育む」ことの意味

　2020年度から全面実施される学習指導要領では，「主体的・対話的で深い学び」という学習の在り方が提起されている。学習は本来，「主体的」，「対話的」である。また「深い学び」の内実として例示されることの多い「知識間の関連付け」，「原理・原則の探究」，「学習過程の省察」等も人間の本来的な学習の特徴である。「主体的・対話的で深い学び」の追究は，制度化された学校教育における学習が失いがちな本来的な学習の在り方を取り戻す試みであるといってよいだろう。本校が「自分の学びに自信をもてる子どもを育む」ことを追究することの意味は，本来的な学習の在り方を教室において可能とするための教師の意識の醸成と，その手立ての検討につながっている。もちろん，研究テーマを掲げただけでは教師の意識は変わらない。本校の研究テーマが，スローガンに終わらず実践に根ざしていることの背景には，子どもの学びの個性的な在り方を徹底的に探究する本校の伝統的な研究姿勢がある。

### （2）「個の学びのモデル」を提案，共有したことの意味

　本校で「個の学びのモデル」を作成し提案，共有したことの意味は三つある。一つには，子どもの学習を捉える実践に根ざした視点が設定されたことである。子どもの学習の様相が三つのフェーズに整理され，それぞれのフェーズに対する意味付けがなされた。さらに各フェーズに特徴的な学習の姿が提示されている。子どもの学習過程を捉える共通のツールがあることが校内授業研をより質の高いものにしていくだろう。二つには，モデル構築の過程で子どもの内面への徹底的な着目がなされたということである。子どもの学びが授業のその時々でどういった局面にあるのか，子どもの学びの事実を丁寧に捉え，授業デザインへと反映させるサイクルをつくった。三つには，Phase1の意味が再確認されたということである。Phase1は個の学びの土台となる部分であるが，Phase1での学習経験が学ぶことへの価値付けや自分の学びへの「手応え」や自信の基盤となるような経験をどうデザインするかを検討することの重要性が再確認されたのである。

### （3）仮説生成型の研究を進めることの意味

　本校の研究は仮説生成型の研究である。仮説生成型の研究は，教室における

理論編 ｜ 第1章 ｜ 017

子どもの事実から理論を立ち上げていく。調査者としての教師は，自らを調査の道具としながら子どもや子どもの活動を五感で捉え，その意味を予想し素朴な仮説を立て，子どもの活動に戻して確認し，その仮説をより精緻なものにしていく，ということを意識的，無意識的に繰り返して，子どもの学習についての問いや仮説を創り上げていく。本校の研究においてはそのように「分からない」状態から「分かる」状態に進める過程で，教師は「自分の学びに自信をもつ」子どもの姿をつぶさに捉えることになる。その過程では仮説が生成されるだけではなく，仮説が何度も確認され，子どもの学習を捉える枠組みや，捉え方そのものがより拡張されたり精緻なものになっていく。その過程こそが，教師の学びの過程であるといってよいだろう。他方で，本校では子どもの学びを捉える際に教師の「実感」を根拠としている。「実感」である以上，教師それぞれの信念や観を基盤としている点で主観的なものである。「実感」を言語化し，共有するシステムの構築が求められるだろう。

## ✎ 3．今後の研究の方向性

　今後の研究の方向性として，以下の四つの側面から考察していく。

　一つには，学習研究としてである。第一に，子どもの学習過程を「個の学びのモデル」で捉えることの実質化が必要であろう。具体的には，Phase1からPhase2への連続性をどうつくるか，フェーズが切り替わる契機やそのメカニズムを捉える枠組みの検討やその枠組みを用いたフェーズ間の移行の確認，「個の学びのモデル」に基づく研究課題の生成，である。第二に，子どもの学習のさらなる探究に基づき，「個の学びのモデル」と「学び続ける共同体」との関係を説明することが必要であろう。子どもが学び続ける共同体のメンバーとして，自らの学習環境をどうデザインしようとしているか，その子らしい学びが学習環境デザインにどう現れているか，などを視点としてモデル自体もより精緻にしていく。

　二つには，授業研究としてである。子どもが自分にとって意味ある知を生み出していくための要件を追究することが必要であろう。具体的には，「自分の学びに自信をもてる」ことが，自らが学ぶ対象や学ぶという行為それ自体に対して正の価値付けをすること，すなわちPhase3の状態であると考えれば，

018

Phase3 を可能とする学習環境を授業において創出する必要があろう。その際に，考慮すべきは「自分の学びに自信がもてる」姿の学習内容や対象による現れ方の違いである。「自分の学びに自信がもてる」姿の現れ方は文脈依存的であり，教科特性や教材の構造，活動の形態などの影響を受けるだろう。どういった状況においてどういった姿が現れるのか，その姿の表れを Phase3 の姿として各教科が提示した姿により近付けるための学習環境の要件を探っていくことになるだろう。

　三つには，カリキュラム研究としてである。第一に，総合学習や特別活動，生活実践と教科との関連付けである。子どもが自分の行為に自信をもつことは，学校生活のあらゆる場面で起こっているはずである。教科学習も総合学習をはじめとする生活の文脈のうえに経験されている。学校カリキュラムの総体をデザインしていくことがひいては「学び続ける共同体」の基盤となる。第二に，「自分の学びに自信をもつ姿」を整理することが必要である。先述のように，子どもが自分の学びに自信をもつ姿は文脈依存的であり，教科独自の表れもあれば，通教科的な表れもあるだろう。また，6 年間でどのように変容していくのか，発達的縦断的に捉えていくこともカリキュラム研究としては必要である。

　四つには，学校研究としてである。本校の「学習文化」，「学校文化」の生成や継承のシステムを構築することが必要であろう。「学び続ける共同体」を志向することは，子どもたちの学習経験を豊かにすることと相補的である。教材を媒介にして学問や文化に触れ，経験世界を拡げること，「学ぶ私」というアイデンティティを確立すること，を可能とする本校の学習の文化を生成し，継承していくことを通して「学び続ける共同体」が実質化する。3 年の研究期間で明らかになった知見を精緻化しつつ，次年度以降につなげていくためのシステムは，総合学習，特別活動，生活実践もふくめた，学校生活全体を有機的に関連付けながら構築することが必要であろう。

藤江康彦（東京大学大学院教育学研究科）

COLUMN 01

# 世田谷小学校の特色

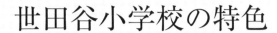

### ★世田谷小学校の教育目標

「子どもが，人やもの，こととの豊かなかかわりを通して，自律性と共存性を高め，相互啓発的な生き方を追究していけるようにする」を学校教育目標とし，子どもたちと共有する表現として「思いゆたかに　考えふかく　ともに生きる子」を目指す姿としています。

### ★教育目標を達成するための学校カリキュラム

「はじめに子どもありき」という理念を，学校での生活や学びの中で「子どもとともにつくる」ことを通して具現化するために「2機能－3領域」の学校カリキュラムを編成しています。

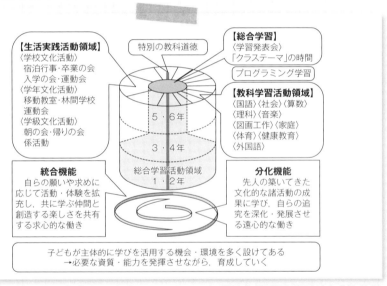

　子どもたちの学びを支え，充実させるために，「総合学習活動領域」「教科学習活動領域」「生活実践活動領域」の3つの活動領域を置いています。子どもたちが自らの願いや求め，問いに応じて「統合機能」や「分化機能」の2機能を働かせ，行き来し，学びを広げたり深めたりできるようにしているのです。

※参考引用文献　・相互啓発学習4「だから学校大好き」　　　　　　　（越後佳宏）

# COLUMN 02

# 代表委員会

　代表委員会は，4年生から6年生で構成されています。それぞれが「こんな学校にしたいな」という思いをもってきています。ただ，それを実現するための方法が，毎年決まっているわけではありません。年度ごとに，子どもたちと担当とが話し合いながら決めていきます。

　平成29年度代表委員の子どもたちは「異学年交流をもっとしたい」「他の学年に10人の新しい友達ができるようにしたい」という願いをもっていました。そんな，学年の枠を越えた交流のある学校が，彼らが願う世田谷小学校だったのでしょう。

　代表委員会の子どもたちは，「全校で遊ぶこと」「植樹をすること」「全校の憩いの場をつくること」という3つの提案の実現に向けて動き出しました。全校児童で遊んだ「進化ジャンケン」がその最初でした。

　準備段階では，代表委員でその遊びを体験し，やってみたからこそ分かる難しさがありました。当日は，全校児童約600名を一度に動かす難しさを実感しました。その実現には，代表委員だけではなく，高学年児童の協力があり，その後の振り返りでも，多くの建設的な意見をもらうことができました。

　「植樹」や「憩いの場」は少々難航しました。「やりたいこと」と「やらなくてはいけないこと」，「現実的にできること」の間で子どもたちは大いに揺れ動きました。担当としても，どこまで出て，どう支えるのか大いに迷いました。実現させてあげたいと思いつつも，実現「させてあげる」ことが子どもたちにとってよいことなのかどうか。

　活動を閉じるとき，子どもたちがどんな言葉で代表委員会について語ってくれるのか。担当としてその言葉を真摯に受け止めたいと考えています。　　　（福田淳佑）

## COLUMN 03

# LEGO部2 〜藤棚の活動から〜

「LEGO部2」は、昨年度立ち上げられた「LEGO部」を引き継いだ「藤棚の活動」です。新しい10名の部員が決めた目標は、「5・6年の交流を深めて協力し、たのしい時間をつくる」ことでした。仲間とLEGOをすると、交流が生まれます。限られたパーツから何が作れるか、作りたいものをこのパーツでどう作るかなど、仲間と話し合います。また、作りながら話すことで、新しい作品やアイディアが生まれることもあります。

初めは3、4人のグループに分かれて作品を作り、紹介し合いました。やがてその作品をiPadで記録し、動画を作っていきました。子どもたちは、作っては話し、話しては作るうちに次第に没頭していったのです。それと同時に、全校に、たのしく作ったこの作品を見せたいという気持ちも湧いてきました。

全校への発表は、大きな反響を呼びました。肯定的な意見もある一方で、「何のための動画なのか、目的が分からない」「意味が分からなかった」など、批判的な意見も挙がりました。これまでの活動を振り返れば、活動は確かにたのしかったのです。しかし、全校に伝えるようなメッセージや発表目的までは、しっかり考えてはいませんでした。改めて自分たちの活動を振り返る部員たち。何を伝えたかったのか。いや、そもそも伝えるために活動を始めたわけではなく、ぼくらが目指していた「たのしさ」は、仲間と交流して何かをともにつくるたのしさだったと気付いていきました。

この振り返りから次に取り組んだ活動は、「学校」を作ることでした。「LEGO部2」みんなで、1つの作品を作ることを目指したのです。大好きなこの学校をLEGOで作ろう。この仲間で協力して作ってきた力を発揮して全校に見せよう。仲間とともにつくる新しい「たのしさ」に没頭していきました。

（栗田辰一朗）

## COLUMN 04

# 地域班活動

　本校では，週に一回火曜日の朝の時間（8：20〜8：35）を使って，地域班の活動を実施しています。地域班とは，住んでいる地域が近い子ども同士の班を指し，帰宅する方向によって22の班に分けています。今年度は特に1年生から6年生の「つながり」を意識させながら活動を重ねています。

　各地域班長から挙がる報告として，バスの乗り方など登下校の問題が減りませんでした。残念なことに，近隣の方から「高齢者に席を譲らない」，「バスの中で大声を出している」といった事例をお知らせいただくこともありました。

　この登下校の問題に対し，ルールを強化して，必ず守らせるような取組をしようという意見も出ました。しかし，地域班長会議の熟議の後，一人一人の意識を変えるために「みんなの広場」で発表しようという方向に話がまとまっていきました。年度半ばの10月，「みんなの広場」で，3人の代表が壇上に上がりました。そして，「マナーが守られないためにルールで縛られることは危機的な状況である」ということを踏まえ，「みんなで登下校のマナーを改善していきましょう」という呼びかけをしたのです。この「みんなの広場」での発表からすぐに全てがよくなった訳ではありませんが，「ルールからマナーへ」の意識が広がっていき，よい変化を見せる班の姿が報告され始めました。

　ある朝，事故によってバス路線の一部が不通になりました。そんな状況で，地域班の高学年が声を掛け合って4kmの道のりを徒歩で登校するという出来事がありました。このような子どもの行動も地域班活動の成果です。これからも，地域班活動は1年生から6年生の異学年の「つながり」を大切に進められるでしょう。そして，「ルールからマナーへ」の意識がリレーのバトンのように引き継がれることを期待します。　　（武田渉）

# COLUMN 05

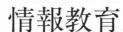

# 情報教育

「先生，朝のスピーチで iPad を使いたいので貸してください。」

　子どもたちの自主学習ノートには，一人一人が興味をもったことについて追究してきたことがまとめられています。その追究してきたことの発表の場として，朝のスピーチがありました。スピーチの際には，物を見せながら話したり，本を見せながら話したりする子もいましたが，一番多かったのは iPad を使って発表する子でした。

　iPad の使い方は，ウェブサイトを見せる子もいましたが，一番多かったのは，ノートにまとめた際の資料（表，グラフ，写真など）を iPad で撮影し，スピーチの際の資料としてスクリーンに映し出すというものでした。発表を聞く子どもたちは，言葉だけでは分かりづらいものも，資料を示されることで理解しやすくなりました。このような iPad を活用したプレゼンテーションは，クラス内だけで行われているのではなく，全校が集まった広場や入学の会でも行われています。

　情報教育というとついつい身構えてしまうかもしれませんが，「情報活用能力」を育成するという視点で考えたとき，書籍と同じ感覚で「使いたいときに使える」ICT 機器の存在が必要です。子どもたちにとって，ICT 機器が特別なものであってはならないのです。また，教師自身にとっても，同様のことが言えるでしょう。

　「情報活用能力」は，子どもたちが社会に出てからも必要な汎用的な能力です。教科の学習内容と共に6年間の小学校生活の中で計画的に育んでいきたいものです。　　　　（梅田翼）

# COLUMN 06

# メディアルーム

　元気な声であいさつしながら，子どもたちがメディアルームにやってきます。子どもたちは，メディアの時間が大好きです。世田谷小では，週に1時間「メディアルーム」を優先的に使える時間があります。この時間は，学校司書による読み聞かせや本の紹介などの後，返却・貸出を行い，そして時間が終わるまで自由読書をします。これを6年間続けることにより，読書による読む力が付きます。また，学校の取組として「読書ノート」を6年間書き続けます。読書ノートは，書誌情報に加え，低学年は，絵と感想を，高学年は，2～3行で簡単な感想を書きます。読んだことを振り返ることで，読む力が伸びると考えています。

　子どもたちがこの時間を楽しみにしているのは，無理やり読ませるのではなく，自分に合った本を楽しく読もうということを基本にしているからです。そして，この時間を教師も，大切にしているからだろうと思います。

　メディアルームは，読書のためだけの場所ではありません。情報活用能力を育てていく場所でもあるのです。情報活用能力は，様々な教科の中で培われていきます。その授業を支えるためにメディアルームが存在しています。先生方の授業のヒントになるための資料を提供したり，学校司書が授業の導入でブックトークをしたり，図鑑・百科事典・学習年鑑の利用指導も行います。

　子どもたちは，調べたいことがあると，メディアルームにやってきます。学校司書が常に対応します。知りたいことがあれば，とりあえずはメディアルームへ行ってみようという気持ちを育てているのが，世田谷小の全ての教師です。子どもたちの読みたい気持ちを刺激し，知りたい気持ちに応えられるようなメディアルームを目指しています。　　（金澤磨樹子）

# 第2章 実践編①

# 国語科

## 👤 目指す子ども像
- 揺るがない核となる自分と揺さぶられる謙虚な自分を包括する子ども
- 「きく」ことが楽しみや快さである子ども

## ✏️ 育てたい資質・能力

・「きく」技能を活用しながら様々な対象を言葉で捉え理解する。その際に用いられる言葉そのものも対象とする。

・対象との関わりを通して、自分の思いや考えを形成し深めながら自己を確立するとともに、他者を尊重する態度を育てる。対象との関わり自体に意味を見いだし、楽しむ態度を育む。

## ✏️ 国語科における「自分の学びに自信がもてる」子ども

　自分の考えをすらすらと雄弁に語る子の姿は、教師にとって一見自信のあるような姿に見えます。ところが、そういう子ほど、実は自分の考えに固執したり、友達の話を聞いていなかったりするのではないかと思える時があります。国語部では、「自分の学びに自信がもてる姿」を、はつらつと話す姿ではなく、黙々と考えながら「きいて」いる姿に求めます。

　ここで提案する「きく」とは、きく態度や姿勢を整えることにはとどまりません。なぜなら、我々は「きいているようできいてない」「きいていないようできいている」という子どもの姿を普段の授業の中で目の当たりにしているからです。また、相手の話を理解することについても話型やモデリングなどでかたどった言葉の操作や、ディベートやペア対話などの形式の操作だけでは、言葉の指導が表層的になってしまうことがあります。そうした指導は、子どもが実際の言語生活において行っている「きく」という行為に生かされていかないのではないかと考えます。

　子どもたちは、本当は何をどのように「きいて」いるのでしょう。私

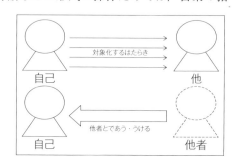

教科提案 国語科

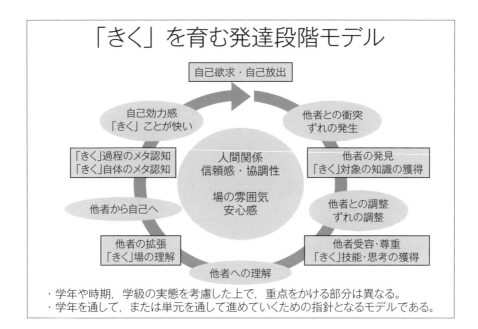

たちは、「きく」という行為そのものから見直すことにしました。実際の「きく」という行為から考えてみると、子どもたちは話された内容を「きく」だけではなく、話し手の姿や状況、言葉、自分との対話なども含み込んで、子どもたちは「きいて」いるのではないかと考えます。

「きく」という行為は、未知なるものを対象として捉えていこうとする姿勢と、未知なるものを未知なるものとして揺さぶられながらも受け止めようとする姿勢を大切にし、自分自身の考えや思いにも気付き、核となる自分をだんだんとつくり上げていきます。こうした、「きく」という一連の過程を経ることで培うものは、子どもの内側にある自分の学びへの自信と関連しているのではないかと考えました。

実際の年間計画・単元計画は、子どもたち一人一人の「きく」姿を大切にして、考察しながら上記の「『きく』を育む発達段階モデル」に沿って、展開していきます。もちろん「話す・聞く」という領域だけではなく、「読むこと」や「書くこと」などの国語科の他領域、さらに他教科の学習を含み込んでの展開となります。

(清水良)

## 【国語科】重点活動「きく」

| | 4月 | 5月 | 6月 | 7月 | | 9月 |
|---|---|---|---|---|---|---|
| 6年生 | お相手さん便りを書こう | グループで話し合おう<br>自選活の企画・運営 | グループで話し合おう<br>自選活の企画・運営<br>説明文・論説文を読もう | お相手さんとの関係を考えよう | | 見方・考え方についてえよう<br>ぼくの世界，君の世界 |
| コンピテンス | 他者の発見<br>「きく」対象の知識の獲得 | 他者との発見 「きく」対象の知識の獲得<br>他者受容・尊重 「きく」技能・思考の獲得 | | 他者受容・尊重 「きく」技能・思考の獲得 | | 他者受容・尊重 「き<br>技能・思考の獲得<br>「きく」過程のメタ認<br>「きく」自体のメタ認 |
| ICT | 記録・写真 | 資料作成 | | 記録・写真 | | 記録・写真 |
| 5年生 | 新しいクラスとの出会い<br>クラスのルールをつくろう<br>紹介ポスターをつくろう | 科学的思考を追ってみよう<br>天気を予想する | クラスで話し合おう<br>クラス自選活の企画・運営 | | | 心情と情景に目を向け<br>大造じいさんとガン |
| コンピテンス | 自己欲求・自己放出<br>他者の発見 「きく」対象の知識の獲得 | 他者受容・尊重 「きく」技能・思考の獲得 | 他者との発見 「きく」対象の知識の獲得<br>他者受容・尊重 「きく」技能・思考の獲得 | | | 他者の発見 「きく」<br>象の知識の獲得<br>他者受容・尊重 「き<br>技能・思考の獲得<br>他者の拡張 「きく」<br>の理解<br>「きく」過程のメタ認<br>「きく」自体のメタ認 |
| ICT | | 資料提示 | 資料作成・記録・写真 | | | 読みの交流 |
| 4年生 | 詩の世界を広げよう | | 説明・報告の力を付けよう<br>花を見つける手がかり<br>見学したことを報告しよう | | | クラス<br>林 |
| コンピテンス | 自己欲求・自己放出<br>他者の発見 「きく」対象の知識の獲得 | | 他者受容・尊重<br>「きく」技能・思考の獲得 | | | 他者受容・尊重 「<br>他者の拡張・ |
| ICT | 作品作成 | | 資料提示 | | | 資料 |
| 3年生 | 詩の世界とであう | | じょうほうをつなげて読もう<br>めだか | | | お話 |
| コンピテンス | 他者の発見 「きく」対象の知識の獲得 | | 他者の発見 「きく」対象の知識の獲得 | | | |
| ICT | | | 資料提示 | | | |
| 2年生 | お相手さん活動ってたのしいな<br>すきなことを伝えよう　手紙を書いて伝えよう　たんけんしたことを伝えよう | | | みんなと自分をかんがえよう<br>スイミー | | きつねのお |
| コンピテンス | 自己欲求・自己放出<br>他者の発見 「きく」対象の知識の獲得<br>他者受容・尊重 「きく」技能・思考の獲得 | | | 他者の発見 「きく」対象の知識の獲得<br>他者受容・尊重 「きく」技能・思考の獲得 | | |
| ICT | 記録・写真 | | | 読みの交流 | | |
| 1年生 | 朝の会ってたのしいな<br>○○しませんか　ひらがなでたくさんあそぼう | | | お話で遊ぼう<br>おおきなかぶ | | |
| コンピテンス | 自己欲求・自己放出<br>他者の発見 | | | 他者の発見 「きく」対象の知識の獲得<br>他者受容・尊重 「きく」技能・思考の獲得 | | |
| ICT | 記録・写真 | | | 読みの交流 | | |
| 学校行事 | 入学の会 | 運動会 | | 終業の会 | | 教育実習期間 |

# 教科提案 国語科

| 10月 | 11月 | 12月 | | 1月 | 2月 | 3月 |
|---|---|---|---|---|---|---|
| 見方・考え方について考えよう ショートエッセイを書こう | | お相手さんだって成長する 伝記から人物を捉えよう | | 長編物語に挑戦してみよう | | 自分の成長 卒業文集 |
| 他者の拡張 「きく」場の理解 「きく」過程のメタ認知 「きく」自体のメタ認知 | | 他者受容・尊重 「きく」技能・思考の獲得 他者の拡張 「きく」場の理解 | | 他者の発見 「きく」対象の知識の獲得 他者受容 「きく」技能・思考の獲得 他者の拡張 「きく」場の理解 「きく」過程のメタ認知 「きく」自体のメタ認知 | | 「きく」過程のメタ認知 「きく」自体のメタ認知 |
| 匿名スライド | | 記録・写真 | | 読みの交流 | | 記録・写真 |
| 場を決めて話し合おう 藤の実フェスタ | 話し合い自体を振り返ろう 話し合いの展開・役割 | 新しい言葉の世界と出会おう 雪わたり | | 「情報」について考えよう （新聞・テレビ・ラジオ・ネット・広告） | | |
| 他者受容・尊重 「きく」技能・思考の獲得 他者の拡張 「きく」場の理解 | | 他者の発見 「きく」対象の知識の獲得 他者受容・尊重 「きく」技能・思考の獲得 他者の拡張 「きく」場の理解 「きく」過程のメタ認知 「きく」自体のメタ認知 | | 他者の発見 「きく」対象の知識の獲得 他者受容「きく」技能・思考の獲得 他者の拡張 「きく」場の理解 「きく」過程のメタ認知 「きく」自体のメタ認知 | | |
| 記録・写真・ビデオ | | 読みの交流 | | ICT自体との関わり方 | | |
| …おう | | お話を読み深めよう ごんぎつね | | 「言葉」について考えよう | | |
| 技能・思考の獲得 」場の理解 | | 他者の発見 「きく」対象の知識の獲得 他者受容・尊重 「きく」技能・思考の獲得 他者の拡張 「きく」場の理解 | | 他者の発見 「きく」対象の知識の獲得 他者の拡張 「きく」場の理解 「きく」過程のメタ認知 「きく」自体のメタ認知 | | |
| 交流 | | 資料提示 ibooks「ごんぎつね辞典」 | | 情報収集 作品作成など | | |
| み深めよう まとまりやつながりに気をつけて読もう モチの木 のらねこ くらしと絵文字 | | | | お話を読み深めよう おにたのぼうし | | |
| 者の発見 「きく」対象の知識の獲得 受容・尊重 「きく」技能・思考の獲得 他者の拡張 「きく」場の理解 | | | | 他者の発見 「きく」対象の知識の獲得 他者受容・尊重 「きく」技能・思考の獲得 他者の拡張 「きく」場の理解 | | |
| みの交流 資料提示 作品づくり | | | | 読みの交流 | | |
| についていろいろな読み方で考えてみよう ま さけが大きくなるまで かさこじぞう ないたあかおに | | | | みんなで考えるってたのしいな アレクサンダとぜんまいねずみ（スーホの白い馬） | | 学級納め |
| 他者の発見 「きく」対象の知識の獲得 受容・尊重 「きく」技能・思考の獲得 | | | | 他者の発見 「きく」対象の知識の獲得 他者受容・尊重 「きく」技能・思考の獲得 | | 「きく」過程のメタ認知 「きく」自体のメタ認知 |
| みの交流 資料提示 作品づくり | | | | 読みの交流 | | 記録・写真 |
| お話ってたのしいな たらくじどうしゃ くじらぐも | | | | みんなで考えるってたのしいな お手がみ | | もうすぐ2年生 |
| 他者の発見 「きく」対象の知識の獲得 受容・尊重 「きく」技能・思考の獲得 | | | | 他者の発見 「きく」対象の知識の獲得 他者受容・尊重 「きく」技能・思考の獲得 | | 「きく」過程のメタ認知 「きく」自体のメタ認知 |
| 録・写真 読みの交流 | | | | 読みの交流 | | 資料作成 |
| 藤の実フェスタ | | 6年音楽発表会 | | 5年音楽発表会 | | 卒業の会 |

第|6|学年

# 長編物語に挑戦してみよう

## カリキュラム・デザイン

### 1 本実践で生かして伸ばしたい「資質・能力」

＊学習材を介して，「感情」や「社会」といった概念の言葉について理解
を深め，自分の捉えを更新することができる。それは，対象と言葉の関
係から言葉の意味，働き，使い方などに着目して，言葉への自覚を高め
ることになる。

### 2 活動全体の流れ

　学習材となる『ギヴァー　記憶を注ぐ者』（新評論，2010）は，近未来SF
物語である。感情や天候，職業など様々なものが制御された超高度管理社会
である「コミュニティ」で生きる12歳のジョナスの物語である。
　大枠としてみれば，本単元は「読むこと」にあたる。子どもたちは登場人
物の心情や人物像，場面の移り変わりを読んでいくことになるが，本単元の
核は子どもが概念的な言葉そのものと対峙することにある。自らの言語生活
において捉えてきた言葉と物語で語られている言葉と比べながら，自らの言
葉の捉えを見つめ直していく。

[冬休み前] 学習材を読んで読後感想を書く。自分の問いを考え，一人で学ぶ
　　　　　　計画を立てる。

[第1～3時] 自ら立てた問いに対して一人で学習材を読み返しながら考える。

[第4時] 一人で考えても分からなかったこと，みんなと話し合いたいことを
　　　　　出し合い，共通の課題を整理する。

[第5時] 共通課題「解放」について話し合う。

[第6時] 共通課題「感情」について話し合う。

[第7・8時] 共通課題「社会」について話し合う。
　　　　　　・物語に出てくるコミュニティの特徴について整理する。
　　　　　　・登場人物が捉えている「社会」について考える。
　　　　　　・読み手からみた「社会」について考える。
　　　　　　・自分自身が捉えている「社会」について考える。

[第9時] 共通課題「ジョナスがコミュニティを出たこと」について話し合う。

[第10時] 共通課題「題名」について話し合う。

長編物語に挑戦してみよう 国語科

## 3 本実践の始まりにおける個の学びのモデル

**START**

フェーズ1
- 面白そうだけど，長いから読めるかな。
- 感想から…「今まで読んできた物語以上に難しかった。できたかどうか分からないけれど『ギヴァー』の難しさがやっと分かった。考えていたものから考えていないものに変わって自分が思ってない方向へ行ってしまった。分かるような気がするけど分からない。頭の中でもやもやが残っている。」
- みんなとなら解決できそうだ。

＊学習材と出合う。
＊一人で読み，自分の問いについて考える。

＊共通課題を決める。
＊共通課題について話し合う。

フェーズ2
- ノートから…「解放は死を知らない人のための□であり，□をよいものとして捉えさせようとする言葉。捉え方によって立場によってその言葉の意味が変わる。」
- 発言から…「感情じゃない感情って心情にはならないんじゃないかな。思ってもないのに出てくるものっていうか。」
- ノートから…「社会の中に入るとは，僕たちの場合は学校。学校の中に入ると，学校の自分と家の自分ができる。学校の自分が裏で家の自分が表。でもコミュニティには記憶がないから市民は裏と表が分からない。ジョナスはコミュニティという社会に納得ができず，自分の裏から逃げるために出ていこうした。裏と表を間違えてしまう可能性もなくはないからジョナスがジョナスというハコから出た後はわからない。」

＊話し合いを振り返る。

フェーズ3
- 自分の捉えがどう変わってきたのだろう。

**NEXT**

実践編① 第2章 033

## 活動の軌跡

　冬休み直前に，子どもたちに<u>学習材</u>を手渡した。冬休みに子どもたちは読後感想を書き，自分の問いについて一人で学ぶ計画を立てた。

　学びの土台をつくる phase 1。3学期に入り，子どもたちは，自ら立てた問いに対して一人で本を読み返しながら考える学習を行った。子どもたちの問いには「解放の意味」「感情共有・感情」「管理社会システム（同一化と差異・制御・選択）」などがあった。物語で描かれている世界を理解しようとする子どもたちは，時間を重ねていくと徐々にこの<u>物語で扱われている言葉そのもの</u>と対峙して考えていくようになっていく。言葉と向かい合う学びの孤独さは KH の「クラスで話し合いたい。個人はけっこうつらい」という感想にも表れている。それでも分からなさに立ち向かう苦しさを支えるものは，これまでクラスでどう学んできたのかという軌跡にある。NS の感想「難しい。でも楽しい。でも，大変。それでもやれると思う」はそれを示している。

　第4時，一人で考えても分からなかったこと，みんなと話し合いたいことを出し合い，共通の課題を整理した。Phase 2 の学びを広げていく新たな課題の生成である。子どもたちがまとめた課題は，「解放」「感情」「社会」「ジョナスがコミュニティを出たこと」「題名」であった。前者3つは，言葉と対峙する学習となる。後者2つが，通常の読むことの学習にあたる。

　第5時，最初の共通課題である「解放」について話し合った。物語では，コミュニティから排除されることを「解放」と呼び，育成不良と認定された赤子は薬物投与によって「解放」される。薬

**教師のファシリテーション**

卒業間近の子どもたちにとって十分に考える価値のある物語と出合わせたかった。その価値ある内容とは，「感情」「社会」といった少し大きな概念である。本単元を通じて，何気なく使う概念と自分をつなげて考え続けていくことができる子になってほしいという願いから授業を設計した。

子どもたちは，物語で語られているコミュニティの様子に違和感があるようであった。しかし，その違和感がどこから生まれるのか考えていくと，「感情」や「社会」などの大きな概念と子どもたちは対峙することになるため，この段階ではうまく思考を整理できていないようであった。

物投与の仕事を担うジョナスの**父からみた「解放」**について子どもたちが話し合った場面では，KKが**「父親にとって，殺すということは，仕事というか，動かなくする仕事っていうだけでそこには感情がないし，人を殺すっていう意識はないんじゃないかな**。それを外の人に言わないだけで」と発言する。この発言は，自分たちが捉えた「解放」という言葉と登場人物が捉えている「解放」という言葉のずれを言い表している。NTは，「解放は囗を知らない人のための囗であり囗をよいものとして捉えさせようとする言葉。捉え方によって立場によってその言葉の意味が変わる」と独特の表現で記している。この表現は，死という言葉そのもの，その言葉が示す状態，その状態から受ける感情を分別するための表現である。NTは囗と表現することで対言葉意識を働かせ，多角的に言葉を捉えようとしている。

第6時，次の共通課題である**「感情」**について話し合った。NNは「私たちが捉えている感情と言葉で考えると，コミュニティ内の感情と言葉にはずれがある」と発言する。IJは，KRの感情と心情の違いという発言を受けて「心情というのは心の働きで自分の中にあるまだ言葉にならないもの。それを言葉で言い表すことにより感情になる。だから言葉をあいまいにして，または少なくしてしまえば，感情もあいまいになり少なくなる」と発言する。

それに対してNTは「ジョナスが，父の解放の場面を見て感じたことって，感情じゃない気がするんです。感情じゃない別のもの。**感情じゃない感情って心情にはならないんじゃないかな**。思ってもないのに出てくるものっていうか」と発言す

---

子どもたちの中には「解放＝死＝悲しい」と読み手である自分が思うことと，コミュニティ内の人が思うことを同義として捉えている子もみられた。語られていることと読み手である自分に言葉から立ち現れるものとが混在していたので，毎時間ふせんでコメントを付け加え，それらを分けて考えさせるようにした。

ここでのねらいは，物語で語られている「解放」という意味と，登場人物が捉えている「解放」の意味，そして読み手である自分が捉える「解放」の意味がずれていることを顕在化することにあった。

子どもたちの日常の言葉の使い方からすれば，「死」という言葉からは亡くなっている状態とそれに付随する感情（例えば哀しさや怖さ）が想起される。文字に付随されているものを区別するために囗という表現をNTは見いだしたと教師は捉えた。

第6時に「感情」を扱うねらいは，第5時の「解放」と同じであるが，そこから発展させ，対自分意識まで働かせ，今の自分が捉えている「感情」という概念に焦点をあてることまでねらった。

る。物語で語られている「感情」を捉えることを
きっかけに，自分がこれまで「感情」をどのよう
に捉えてきたのか改めて考えていく子どもの姿が
みられた。

　第7・8時は3つ目の共通課題「社会」を話し
合った。物語で語られている「社会」を捉えるこ
と，登場人物からみた「社会」を捉えること，そ
こから受ける読み手の自分の捉えの順に確かめて
いった。

　子どもたちは，徐々に**「社会」**という概念につ
いて言葉を紡いでいく。SH は「社会」をハコに
見立てた図を描き，SZ は「社会」の様子を色に
例えて説明する。NT は，ジョナスがコミュニティ
から出ることを「ジョナスがジョナスをやめるこ
と」と表現し，そこにはコミュニティ内にいると
きの裏のジョナスと，コミュニティから出たとき
の表のジョナスがあると発言した。そして授業後
の感想では「社会っていうものの中に入るとぼく
たちの場合，学校に入る。学校の中に入ると，学
校の自分と，家の自分ができる。学校の自分が裏
で，家の自分が表。でもコミュニティには記憶が
ないから登場人物である市民は裏と表がわからな
い。ジョナスはコミュニティという社会に納得が
できず，自分の裏から逃げるために出ていこうと
考えた。裏と表を間違えてしまう可能性もなくは
ないからジョナスがジョナスというハコから出た
後はわからない」と NT は残した。

　第8時では「社会」についてまとめきれなかっ
たため，次時に継続して行った。KN は，**「コミュ
ニティでの表裏は，コミュニティの外へ出たとき
には，それが裏表になり，どちらにしろ一緒なの
ではないか」**と語る。彼らが「社会」という言葉

NT の発言の真意が分
からなかったため，後
日聞いてみると，「心
情というものも言葉で
認識されているもの
で，心情にすらならな
いかたまりのようなも
のが感覚として存在し
ている」という意のこ
とであった。しかし，
単元中では NT 自身も
まだうまく言葉にでき
ず，混沌のまま終えて
いる。

目標は，「社会」とい
う言葉に着目して，学
習材でどのように語ら
れているのか考え，理
解を深めることができ
ること，また「社会」
という言葉に対して自
分がどのように捉えて
いるのか考え，自分の
理解を振り返り，更新
することができること
とした。

表が裏になり，裏が
表になるだけで，ジョ
ナスは社会というコ
ミュニティからは出
られない。それは同
時に読み手である自
分自身にも同じこと
が言えることにも気
付いていくことにな
る。つまり，自分は
社会という「ハコ」
からは出られないと
いうことであり，同

長編物語に挑戦してみよう　**国語科**

と向かい合い，行き着いた先は，物語で描かれていた管理された社会と現実に生きる自分たちの「社会」はさして違わないのではないかということであった。そして，それらの「社会」という枠組みに属して生きる人物自体もまた，その枠組みに適応する一つのハコであり，「社会」に応じて複数の自分が存在するという気付きであった。

時に社会という「ハコ」の数だけ複数の自分が存在するということでもある。

本単元では，それぞれが思う「社会」についてある意味では単純化して，拡散的に話し合う場となった。本来「社会」という概念はもっと混沌としていて，複雑な要因で絡み合っている。世田谷小学校というハコでのびのびと育ってきた6年生は，まもなく中学校へと進学する。小学校よりも厳しい環境の中で，自律的に学んでいく強さが子どもたちには必要になっていく。そこで求められる力は，ハコが分かっていながらハコの中で遊べる力である。ハコの外に抜け出したとしても，次のハコは存在し，枠組み自体から抜け出すことはできない。枠組みの存在を理解した上で，その淵に立って考えられる子になってほしいという願いから生まれた単元であった。

（清水良）

# 社会科

## 目指す子ども像

- 問題に向き合い，その問題を理解しようとし，解決が可能かどうか様々な面から考え続ける子ども
- 自分の生活を背景にした自らの価値観を伝え合う子ども
- 異文化の生活背景を前提として，その違いをプラスにしながら相互に交流していく子ども
- 「共生社会」にしたいという目標をもって，様々な活動に取り組もうとする子ども

## 育てたい資質・能力

- 社会問題の何が，どこが問題なのかに気付くことができる。
- 様々な人の立場から社会問題を追究する。
- 自分の生活を基にして追究する（自分の生活を振り返り，見直す）。
- これまで追究してきた学びをつなげて考える。
- 仲間の考えの背景にあるものを分かろうとする。
- 仲間と聴き合い，語り合いながら社会問題を追究していく。

## 社会科における「自分の学びに自信がもてる」子ども

　4年生で，ゴミの問題を学習しているとき。子どもたちは，「リサイクルをしっかりすればいい」「分別を守って，ゴミを出すことが大切です」ということを発言します（授業前から"解決方法"を知っていることも多いのかもしれません）。確かに，リサイクルやゴミの分別は，ゴミ問題解決のために欠かせない考え方，行動です。しかし，教室のゴミ箱を見てみると，分別がしっかりできていません。どこかで聞いた"解決法"に基づいたスローガンやキャッチフレーズだけを唱えるのではなく，「夜中働いていて，決められた時間にごみを出せない人もいるんじゃないかな」「もし，自分の家の近くに焼却場が作られることになったらどうなるのかな」「リサイクルしていれば大丈夫なのかな。自分の生活を，ごみを出さない生活にしていくにはどうしたらいいのかな」と自分や周囲の人々の願いとそれに関わる問題の複雑な構造についての確かな社会認

教科提案 **社会科**

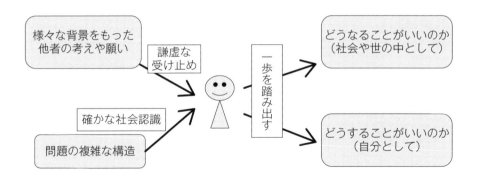

識を基に，どのような社会の在り方がよいのかを考える子どもを育てていきたいのです。そこで，私たちは，上の図のように，「『どうなることがよいのか（社会や世の中として）』『どうすることがよいのか（自分として）』と，事実と価値を行き来しながら在り方を考えたり問うたりする姿」を「自分の学びに自信がもてる」子どもと考えました。

社会科部としてキーワードになっているのは「社会問題を含んだ教材」と「振り返り」です。ただ社会問題を扱えばよい，ただ振り返りをすればよい，ということではなく「自分ごと・当事者意識」をもたせることです。

社会問題はともすると「現実を見すぎる」「暗い」「批評家になる」という指摘を受けがちですが，社会問題に関わっている「ひと」を通して問題やそれを取り巻く社会構造を見，問題を乗り越えようとする姿をモデルとして学ぶことに意義があります。「どうなることが」「どうすることが」を考え，歩み続ける「ひと」を見つめるのです。

振り返りは，単元前半であれば内容の焦点化や子どもの課題意識をシャープにする手立てになりますが（事実認識をクリアにする），単元後半（とくにPhase3）では社会問題に対してどのような考えをしているか，さらには「ひと」を通して「社会問題を考えることで自分はどのように人間的に成長したのか」を見つめさせる手立てになります。様々な社会問題について「事実と価値を行き来しながら在り方を考えたり問うたりする姿」は自らの高まりや社会に参画している実感があって実現していくと考えます。

（松本大介）

# 【社会科】

| | 4月 | 5月 | 6月 | 7月 | | 9月 | 10月 |
|---|---|---|---|---|---|---|---|
| 3年生 | 学校のまわりの探検 | | | | | 私たちの生活と買い物 | |
| コンピテンス | ・これまでとは違う見方の面白さを味わう<br>・人の役割に目を向ける<br>・進んで調べたことをノートや作品に表す（パンフレット・地図）<br>【知識】地域社会の特性，そこで生活する人々のニーズ・働き，地図<br>【スキル】カードや写真に社会的事象を切り取り・表現する，学んだことを振り返ってまとめる<br>【人間性】自分なりの興味・関心を追究する，勇気をもって声をかける，インタビュー後のお礼，地域社会の人々への敬意，社会的な課題への関心<br>【メタ認知】学んできたことのつながりを見いだす，自分の興味・関心の方向性に気付く | | | | | ・自分のくらしと地域の人の関わりに<br>・進んで調べたことをノートや作品に<br>【知識】お店を利用する人のニーズ，店による店舗の工夫の差異<br>【スキル】生活経験と一般的なニーズを見付ける，具体的な店の工夫の発見方<br>【人間性】計画的に工夫や努力してい様式を見つめる，社会的なニーズへ<br>【メタ認知】学んできたことを整理し共通点や相違点から相対的に店の工夫 | |
| ICT | ・カメラの使用→切り取った事象の説明・交流<br>・撮影していいもの・いけないもの，撮る前の一言 | | | | | ・写真や動画資料を基にした意見交流 | |
| 4年生 | 地図で発見　東京都 | | | | | 私たちの生活とごみ | |
| コンピテンス | ・働く人や地域の特色を考え，身近な地域と比較して自分の考えを深める<br>・問題になったことや気になったことについて進んで調べ，資料を使いながら作品にまとめる→目的に合わせて作品を選択・作品づくりを通して表現する<br>【知識】地図の読み方，都内の具体的な地域の特色と地形との関連性，移動教室で活動する地域の具体的な事象とつなげる<br>【スキル】地図の凡例を読み取り具体的な事象とつなげる，特色のある地域と自分たちの生活する地域を比べる，興味・関心に基づき調べたことを自分なりの表現方法で作品化，地理的・歴史的な見方<br>【人間性】自分たちの地域とは異なる生活様式・生産様式の在り方に興味や敬意を抱く，具体的な地域で生活する人の生きがいや悩みに共感的に向き合う<br>【メタ認知】単元で学びが閉じるのではなく実際に現地調査して理解，さらに問いをたてる | | | | | ・自分たちのくらし方と，ごみの在り<br>・社会の課題について目を向けて，日<br>・問題になったことや気になったこと品にまとめる→目的に合わせて作品<br>【知識】家庭や学校で出たゴミの組織や課題，公衆衛生の向上，地理的・具<br>【スキル】関係諸機関の働きを調べ整理らかにしながら全体的な構造をつかみ接的な資料から必要な情報を抜き出しミの減量化に向けての具体的な行動<br>【人間性】公衆衛生維持に努めている上での課題を直視（ゴミ減量，最新い行動や社会の在り方の模索，行政<br>【メタ認知】調べたことの意味や学んる | |
| ICT | ・タブレット端末を用いた調べ学習（Google Earth 等）や作品化→交流の活性化<br>・インターネットで調べたことと実際との違いについて，何が，なぜかを考える | | | | | ・パソコンやタブレット端末を用いた<br>・写真や動画資料をもとにした意見交<br>・発信したものがどう受け止められ | |
| 5年生 | 私たちのくらしを支える食料生産 | | | | | 私たちのくらしを支える工業と環境 | |
| コンピテンス | ・「過去−現在−未来」という視点をもちながら産業構造全体について「豊かさ」に代表される「どうなることがよいことか」「どうす<br>・世の中の在り方を変えていくために，何を優先するかという視点で自分の生活や社会全体を見直す<br>・社会的課題に巻き込まれている方の立場に共感・感情移入すること，それに伴うさらなる事実の追究の連続的なスパイラル（学び続<br>【知識】食料・工業・情報産業の特色，自分たちの生活とのつながり，国内や世界における位置付けや価値，産業の構造の中で生じる<br>【スキル】生活経験とつなげてそれぞれの産業の具体的な在り方を追究する，従事する人や関連する人の考えを見つめる，産業の<br>【人間性】関わる人々への敬意，社会的な諸課題の気付きとよりよい行動や社会の在り方の模索，行政の取組などに対する批判的な考<br>【メタ認知】問いに対する自分の思考の在りようを見つめる，必要に応じて自分の考え方を見直して反省・更新する | | | | | | |
| ICT | ・パソコンやタブレット端末を用いた調べ学習（Google Earth 等）や作品化<br>・写真や動画資料を基にした意見交流<br>目的をもった情報収集（主体的で合理的，不都合なものも含めた丁寧な取捨選択），インターネットでは見えないものへの気付き，多 | | | | | | |
| 6年生 | 国ができるまで | 貴族の世の中から武士の世の中へ | 力をつける人々<br>3人の武将 | | | およそ 200年の<br>平和の訳は？ | 新しい日本の幕 |
| コンピテンス | 【1学期】人々のくらしが「変化」してきたことのよさと問題点について考えを深める，【2学期】近隣諸国との関係や様々な人の会の特色を考え合い，自らの考えを深める<br>・別の可能性を考えたり，歴史の分岐点を考えたりしながら事実認識，それに基づく価値認識を深め続ける<br>・後半の政治の働きにつながるよう「法」のものさしで歴史を見つめ直す：為政者の願い，当時の世の中の状況，当時の人々の考え<br>・問題になったことや気になったことについて進んで調べ，資料を使いながら自分の考えをまとめ，整理してノートに書いたり，他の<br>【知識】政治と人々の生活（法律，権力者と人々の生活，人権，衣食住，当時の人にとって大切なもの），文化（担い手，影響と考<br>【スキル】歴史事象の意味を考える（なんのために？，どういう背景があったか？，どういう影響があったか？）<br>【人間性】現在の自分の「知っている」「こうすべきだ」を常に問い直す姿勢（戦争は二度と繰り返してはいけない），社会をつくる責<br>【メタ認知】歴史の中には今と同じ構図があることへの気付き（歴史を学ぶ意味），今の考え方と歴史的な考え方との両方が必要 | | | | | | |
| ICT | 単元や学習内容に応じたプレゼンテーション資料の作成<br>・パソコンやタブレット端末を用いた調べ学習（Google Earth 等）や作品化<br>・写真や動画資料を基にした意見交流<br>・フィルターバブルへの対策（戦争単元），本などまとまった記名の情報との比較，主張のための情報収集（三武将の評価，戦争の悲 | | | | | | |
| 学校行事 | 入学の会 | 運動会 | 終業の会 | | | 教育実習期間 | 藤の |

教科提案 **社会科**

| 11月 | 12月 | | 1月 | 2月 | 3月 |
|---|---|---|---|---|---|
| | | | くらしを支える水 | | |

て考え，自分の考えを深める
（作品の多様性：新聞・パンフレット）
計画的な努力，立地や利用する立場に

する，調査し店員さんの役割の違いに
この工夫の比較，地理的・時間的な見

Ｎの人々への敬意，自分や家族の生活
在り方の模索
や家族，地域住民といった消費者の
的な意味を考える

- くらしを支える水
  - ・水と自分のくらしとの関わりについて見つめ直し，自分の考えを深める
  - ・社会の課題について目を向けて，自分の生活とのつながりを見いだす
  - ・進んで調べたことをノートや作品に表す（作品の多様性：ポスターなど）
  - 【知識】学校や家庭に届いている水がどのように組織的・計画的につくられているか，使った後の水はどのようになるのか
  - 【スキル】関係諸機関の働きを調べ整理する，調べたことをつなげて全体的な構造をつかむ，写真やイラスト・文字資料など間接的な資料から必要な情報を抜き出す，全体の問いに対して効果的に調べる，地理的・歴史的な見方
  - 【人間性】公衆衛生維持に努めている立場の方への敬意，自分たちの生活を見つめた上での課題を直視（節水・水質汚染など），社会的な諸課題の気付きとよりよい行動や社会の在り方の模索，将来的な水資源へのまなざし
  - 【メタ認知】調べたことの意味や学んだことの連続性を見いだして実生活に還元する
  - ・インターネット？→問いに対して必要な情報を見付ける

| | | | 昔の生活から今の世の中を見直そう | | |

見つめ直し，自分の考えを深める
生活とのつながりを見いだす

て進んで調べ，資料を使いながら作
作品づくりを通して表現する
理の在り方，ゴミ減量に向けての取組
な見方

問いをつなげて次に調べることを明
く，写真やイラスト・文字資料など間
本の問いに対して効果的に調べる，ゴ

Ｎへの敬意，自分たちの生活を見つめ
場），社会的な諸課題の気付きとよりよ
みなどに対する批判的な意識
価値を見いだして実生活で考え続け

- 昔の生活から今の世の中を見直そう
  - ・２年間社会科で学んできたことの「過去−現在」，私たちのくらしの変化について考え，自分の考えを深める
  - ・問題になったことや気になったことについて進んで調べ，資料を使いながら作品にまとめる→目的に合わせて作品を選択・作品づくりを通して表現する
  - 【知識】過去−現在の比較における生活様式の変化の様子
  - 【スキル】比較・関連づけながら過去の「もの」「こと」の価値や現代とのつながり
  - 【人間性】過去のことを「悪い」と捉えず敬意をもち，「未来」に向けて「現在」を相対化する価値を受け止める
  - 【メタ認知】これまで２年間の自らの学びの在り方を見つめる

学習（Google Earth 等）や作品化

検討

| | | | 私たちのくらしと情報 | | |

とがよいことか」というような価値観について踏み込んで考える

ベクトル）をつくる
み
を捉え社会的な課題を見いだす，地理的・歴史的見方
べたことやまとめたことの妥当性の吟味

情報収集（電話，お店でインタビュー，親族・友人），メールによる質問方法・文面の検討，出典まで含めた情報の評価

| 平和で豊かな時代を求めて | | | 戦後の願いと私たちの生活（政治） | | 戦後の中の日本（国際） |
|---|---|---|---|---|---|

Ｎ日本の「発展」の仕方について考えを深める，【３学期】世界各地の人々のくらしについて，私たちのくらしと比べながらそれぞれの社

Ｎ伝えることを意識して作品にしたりする（作品づくりを通してさらに問題を先鋭化する）
の，建造物や作品），社会を変える力（人の力，人々の力，技術の力）

務，法律やルールを守る意味・変える意味）について考え自らの生活とつなげる

Ｎ何か）

| スタ | ６音楽発表会 | | | ５音楽発表会 | 卒業の会 |

| 実践編① | 第2章 | 041

## 第6学年
# 私たちの学校と戦争
## カリキュラム・デザイン

### 1　本実践で生かして伸ばしたい「資質・能力」

＊戦争に対する自分の言葉を確かめたり，問い直したりする。

＊歴史的事象を一つの視点から見るのではなく，いろいろな立場の人から考える。

＊仲間の疑問や，いろいろな立場から歴史的事象に向き合う仲間の姿を通して，歴史を考える。

＊問題になったことや気になったことについて進んで調べ，資料を使いながら自分の考えをまとめる。

＊今と過去の社会の共通点を考え，どういう社会がよいのかを考える。

### 2　活動全体の流れ

[第1時] 「戦争とは何か」という題で，今考えていることをノートに書く

[第2時] 前時に書いた「戦争観」を出し合い，クラス全体で話し合う

[第3・4・5時] 戦争について気になっていることを調べ，年表にまとめる

[第6時] 学校の歴史を調べ，前時までに作っていた年表に戦時中の学校の出来事を加える

[第7時] 疎開出発にあたり，発行された当時の学年便りを読む

[第8・9時] 「学童疎開絵巻」（山崎幸一郎　教諭作）を見て，学童疎開の様子を想像する

[第10〜11時] 学童疎開の作文を読み，先輩たちの大変さや苦しさを読み取る

[第12〜13時] 作文から読み取ったことを出し合い，学童疎開にある不自由さを考える

[第14〜15時] 学童疎開を経験した先輩の話を聞く

[第16〜17時] これまでの学習を振り返り，改めて「戦争とは何か」について話し合う

私たちの学校と戦争 **社会科**

## 3 自信の深まりを実感できる個の学びのモデル

**START**

フェーズ1

- たくさんの人が亡くなるから二度と起きてほしくない。
- 戦争が起きると、生活も戦争一色になってしまうんだ。

＊これまでの生活や学習から「戦争とは何か」を考える。
＊戦時中の出来事を年表にまとめ、生活の変化を調べる。

フェーズ2

- 私たちの学校も戦争に巻き込まれていったんだ。
- 70年前、私たちも世田谷小学校にいたら疎開に行っていたんだ。
- 疎開絵巻を見ると、そんなに大変な生活じゃないな。でも……
- 作文を読んでも、苦しさや大変さはあまり書いていない。なぜだ？
- 先輩たちは、自分たちの思いを書きたくても書けなかったのかな。

＊戦時中の世田谷小学校を調べる。
＊「学童疎開絵巻」
＊学童疎開に行った先輩たちが残した作文に込めた思いを読み取る。
＊疎開を体験した先輩の話を聞く。

フェーズ3

- 戦争は、心の自由も奪ってしまう恐ろしいもの。二度と繰り返してはいけない。そのために…

＊改めて「戦争とは何か」を考える。

**NEXT**

## 活動の軌跡

### 1　戦争とは何だろうか

「戦争」ということに対して，どのようなイメージや考えをもっているのか。それを，子ども自身が確認し，仲間と考えを交流することから単元を始めることにした。「戦争とは何ですか」ということを問いかけた。<u>「何を書いたらいいか分からない」という子どももいた</u>。「人と人との殺し合い」「たくさんの死者」など，予想した通りの回答をする子どもが多かった。子どもたちの注目を集めたのがSKの意見である。「全てが悪いわけではない。あの人たちの犠牲があるから今がある。戦争があったから今の平和な世の中がある」と話したSKに対し，「戦争がなくても分からなくてはいけない」「犠牲が出たからこそ，学ばなければいけない」などの意見が続いた。その時間の子どもたちの感想には，<u>「戦争はやってはいけない」「今，平和があるのは，先の戦争の反省があるからだ」という言葉が多く書かれていた</u>。

### 2　戦争について調べよう

満州事変から1945年の終戦までにどのようなことが起きたのかを調べ，年表形式でまとめた。戦争の状況を赤色のふせん，社会の動きや生活に関わることを黄色いふせんに書きまとめていった。戦争が進むにつれ，配給や隣組など，人々の生活が戦時体制に組み込まれていくことを，子どもたちが実感しやすいのではないかと考え，2色のふせんを使った。

### 3　世田谷小学校と戦争

<u>作成した年表に，戦時中の世田谷小の出来事を</u>

---

**教師のファシリテーション**

「書けない」自分も大切にしてほしい。1時間目に書いたことを「最初の考え」として問いかけていくことを大切にしよう。

確かにそうである。でも，その言葉にどれだけの「重み」や「思い」があるか。先輩たちの姿や言葉を受け止め，自分の戦争に対する思いや平和の大切さの"根拠"を，この言葉を問い直していってほしい。

世田谷小学校の出来事と社会全体の出来事を結び付け考えていけるようにしたい。

私たちの学校と戦争 **社会科**

**青色ふせんで貼り付けた**。学校生活も戦争に巻き込まれていったことを確認した。次に，戦時中の児童手帳をお借りすることができたので読んだ。そこには，「児童戦時訓」が書かれ，「私たちは軍国の子どもです」など戦時色が色濃く出ていた。そして，子どもたちは，先輩たちが学童疎開に行っていた事実に向き合うことになる。

最初に，疎開にあたり発行された学年便りを読み，目的や現地での様子などを確かめた。将来の戦力として子どもを考え，そのために空襲から避難させるという疎開の目的には，驚きの声を上げていた。

次に，当時の教師が描き残した「集団疎開絵巻」を見て，疎開の様子を想像してみた。見る前に，「食べ物が少ない」「戦争の訓練が多い」などの苦しい生活を予想していた。見てみると，焼き芋を食べていたり，学校に通っていたりと「苦しさ」「悲しさ」を感じることはあまりなかった。「予想よりもいい生活をしている」「農家の手伝いは描かれていないからやっていなかったのか」などの意見が出された。それに対し，「描かれている物が全てではない」という意見や「苦しいことは，あえて描かなかったのでは」と意見が続いた。**描かれていない疎開先の大変さ，苦しさがあるのではないか。それを探るために当時6年生が，疎開先で書いた作文を読み，「先輩たちが感じていた，疎開の大変さ，苦しさ」は，何なのかを考えてみることにした。**

世田谷小学校の先輩に思いを寄せるとともに，当時の社会の状況や他の学校の疎開の様子なども調べさせていきたい。

最初，子どもたちは，先輩たちの生活には，苦しいこと，悲しいことが多かったが，少ししかなかった「楽しかったこと」をあえて書いているのではないかと推察し，その理由を考えた。出され

| 実践編① | 第2章 | 045

た意見は，「苦しいことを書くと，さらに苦しくなるから楽しかったことを書いたのではないか」というものであった。しかし，当時の社会状況とつなげて考える発言は出てこなかった。一方でUIの学習感想には，「（前略）先生や周りの人の反応が怖くて書けなかったのだと思う。戦争反対なんて書いたら，兵隊さんは戦っているのにと思われて，非国民だと言われるから。そういう反応が怖くて本当のことは書けなかったのだと思う」とあった。UIのように当時の状況を踏まえて，「書かなかったのではなく，書けなかった」と書いている子どももいた。次時，UIの感想を手がかりに，当時の社会が自分の思いを自由に表明できない，考えることが制限されていく社会ではないかを考えた。

> UIの学習感想を読み合うことで，戦争の恐ろしさを他の子どもに考えさせていきたい。

## 4　先輩の話を聞いて改めて考えよう「戦争とは」

学童疎開に行かれた先輩のMさんをお招きし，戦時中の学校生活や疎開先で経験したことをお話しいただいた。これまで教室で考えたことを基に質問する姿が多く見られた。いくつかのやりとりを紹介する。

Q：「戦争があったからこそ今の平和があると考えると，戦争をやってよかったのではないかという意見があったが，どう思いますか」

A：「絶対に戦争はよくない。戦争をやってみんな悲しむ。喜ぶ人はいない。家族や親せきで誰も戦死した人がいない家はないと思う」

Q：「一番苦しかったことは何ですか」

A：「いろいろなことが苦しかった。一つ話すと，夜寝るときも苦しかった。本堂で寝ていると，先

> 絵画・文字資料から考えるのに子どもたちは限界を感じてきた。疎開を経験したMさんとのやりとりを通して，「戦争とは何か」をもう一度考えることにつなげていく。
> Mさんから，どんなことを聞いてみたいのかを一人一人にしっかり考えさせてから話を聞かせよう。

私たちの学校と戦争 **社会科**

生が見回りにくる。ある日，一人の友達が先生に起こされて，先生の部屋に連れていかれた。帰ってくると泣き続けていた。後から分かったのだが，そこで東京の家族が亡くなったことが伝えられた。いつ，寝ているときに先生が起こしにくるか心配であった。」

　子どもたちは，授業が終わった後も，Mさんを囲んで，考えてきた，疑問に感じたことを伝え，話していた。**最後に，Mさんの話やこれまでの学習を振り返り，改めて「戦争は何か」ということを考えた**。最後に，ある子どもが学習のまとめに書いたものを紹介する。

　「戦争について話していて，戦争があったからこそ，今があるのではないかという意見もありましたが，Mさんの「当然なかった方がいい」の一言に，ものすごい説得力を感じました。あったおかげで今があるから，などと考えていたのが少し恥ずかしくなりました。（中略）国のためにやること全てが，当たり前という認識だったことに怖さを感じました。標語や，訓練，米英に対する教育……。今の日本も一歩間違えば，当然のように間違った道へ向かうのではないかと思いました。何年たっても戦争について考えることはとても大切であると改めて考えました」

　これからも自分の思いや言葉を問い直し，「どうなることがよいのか」を問い続ける授業を子どもたちと目指していきたい。

（松本大介）

> 最初にノートに書いた「戦争とは何か」の自分の考えを振り返った上で、Mさんの話やこれまでの学習を振り返り「戦争とは何か」に対する考えを書かせていく。

| 実践編① | 第2章 | 047

# 算数科

## 目指す子ども像

○数学的活動をする子ども

●問いを見付けることや考えることを愉しむ子ども

●知的な勇気をもって説明し，知的な正直さをもって議論する子ども

●算数のよさに気付き，学習に生かそうとする子ども

## 育てたい資質・能力

・問題解決に生きて働く知識をつくったり，必要な技能を身に付けたりする。

・数学的に考え，判断し，表現する。

・自分の考えや友達の考えに真摯に向き合い，問題解決をする。

・数学的活動のたのしさを実感したり，学びを振り返って，数学のよさに気付いて学習に生かそうとしたりする。

## 算数科における「自分の学びに自信がもてる」子ども

　問題解決の過程で，考えが友達と異なることがあります。どちらの意見も正しい場合もあるし，自分の意見が違っているのではと不安に思うときもあります。このとき，間違えたから意見を変えるという姿ではなく，友達から「私は違うと思う。……」と言われると「なぜだろう？」と目が輝いたり，「どうしたらうまくいくのだろう」と考えたり，「こうしたらうまくいくよ」と生き生きと話し出すような，一歩動き出す姿をもっているのが自信のある子どもだと思います。うまくいかないことにも価値を見いだし，愉しむことができれば，自ら創造していくことができると思います。また，「先生できた！」という子どものノートには，問題を解決するだけでなく，みんなで話し合いたい疑問点が書いてあってほしいと思っています。問題を解決するだけでなく，問題をつくることができる子どもを育てたいと思います。

　そこで大切になるのが，「問い」と「振り返り」です。ある子どもの問いがクラスで共有化され，その問いに向かって動きだし，その解決過程を振り返ることによって，子どもは算数のよさに気付き，次の学習に生かそうとするのです。問いを見いだし，考えを話し合って高め，振り返るという過程を行き来さ

教科提案 **算数科**

せるように指導することが，一
歩自分で動き出し，学び続ける
ことにつながるのではないかと
考えます。

　問いは，子どもが見付けて，
解決して終わりというものでは
ありません。子どもが見付けた
問いから連続して問いが生ま

| | 「問い」 | |
|---|---|---|
| 問題理解場面 | 「今まででできない所は何か」 | 観察把握，既習との比較 |
| 自己解決場面 | 「今までと比べて違うことや新しいことは何か」「なぜそうしてよいか」 | 関係把握，関連付け根拠の明確化，理由の説明 |
| 比較検討場面 | 「同じ，違いはあるか」「いつでも使えるか」 | 比較…総合的に考える条件を変えた考察…発展的に考える |
| 振り返り場面 | 「よさは何か，他の場合でも使えるか」 | 活用，日常生活の改善 |

れ，算数の問題解決の上で価値のある問いになっていくのです。算数の問題解
決で生まれる問いとして，中村（1993）は，「根拠を問う」「多様性を問う」「共
通性や類似性を問う」「相違性を問う」「整合性や一般性を問う」「統合や発展
を問う」「よさや価値を問う」を挙げています。このような発問はいずれ教師
が問うのではなく，子どもたちが問えるようにしていきたいという想いがあり
ます。だからこそ，これらの問いが，子どもの学びの一歩となると考えます。

　振り返りは，問いをつくる機会となると考えます。子どもが振り返ることで，
うまくいったことについては「他の場合でも使えるかな」など，考えを高める
問いが生まれ，うまくいかなかったことについては，子どもが「困ったな」と
自覚し，それを友達と共有することで，問いになるのです。教師は授業中に生
まれた問いを板書したり，学習感想などから個の変容を見取ったりして，問い
を顕在化します。

　ここで，教師は授業中の子どもの様子やノートを振り返り，ネクストプラン
を立てます。黒澤（2004）によると，子どもの実態を，収集→解釈→調整→ネ
クストプランという評価の中で調整することにより，随時，単元計画を見直す
ことができるとあります。子どもたちから生まれたリアルな問いを生かして計
画を立てるのです。振り返ることにより，問いがうまれ，学び続けることにな
るのです。

（稲垣悦子）

〈参考引用文献〉
・『自ら問う力を育てる算数授業』中村享史（明治図書出版，1993）
・『本当の教育評価とは何か』黒澤俊二（学陽書房，2004）
・『いかにして問題をとくか』柿内賢信訳　G.ポリア著（丸善出版，1964）

| 実践編① | 第2章 | 049

## 【算数科】

| | 4月 | 5月 | 6月 | 7月 | | 9月 |
|---|---|---|---|---|---|---|
| 6年生 | 対称 | 文字と式 | 分数のかけ算，分数の割り算 | 円の面積 | | 並べ方と組み合せ方／速さ |
| 5年生 | 整数と小数／合同な図形 | 単位当たりの大きさ | 小数のかけ算／図形の角 | 小数のわり算 | | 偶数と奇数，倍と約数 |
| 4年生 | 大きな数 | がい数／折れ線グラフ | わり算の筆算 | 角／垂直・平行と四角形 | | 小数／そろばん |
| 3年生 | 時間と時こく／たし算とひき算の筆算☆ | かけ算／わり算 | 重さ | あまりのあるわり算 | | ぼうグラフと表かけ算の筆算 |
| 2年生 | 表とグラフ | 1000までの数 | 時間と時こく／たし算の筆算☆ | ひき算の筆算☆ | | 長さ |
| 1年生 | かず | いくつといくつ／なんばんめ | たしざん | ひきざん | | 10より大きいず／とけい |
| sa | 入学の会 | 運動会 | | 終業の会 | | 教育実習期間 |

問い続けることを意識した学年の系統性（上の表の☆部分）

## 例：▨の単元構成

| 学年 | 単元 | 学習 | 子 |
|---|---|---|---|
| 3年生4月 | たし算とひき算の筆算 | 今まで学習したことを振り返り，自分の学習計画を立てる。同じように考えれば，何桁のたし算ひき算でも計算をすることができると気付く。 | 学え |
| 2年生7月 | ひき算の筆算 | 既習（たし算の筆算）で学んだことをひき算で同じように計算できるか考え，その時と同じことと異なることを説明する。 | 演る計 |
| 2年生6月 | たし算の筆算 | 既習の計算の仕方と筆算の方法をつなげて考え，位ごとに計算する意味に気付き，説明する。 | る |
| 1年生11月 | ひきざん | 既習（たし算）のブロック操作や図を自分なりに活かし，10といくつに分解して繰り下げることに気付き，説明する。 | 演 |
| 1年生10月 | たしざん | ブロック操作や図（さくらんぼ図のようなもの）から，10のまとまりをつくって繰り上げることに気付き，説明する。 | く |

問い続けること意識した単元構成（上の表の★部分）

第4学年『変わり方調べ』で「問題を見付けよう・解決しよう」という単元構成にして，それを第5，6学年の★

| 時 | ○数学的活動　T：主発問　C：主な反応 | 学習サイクル |
|---|---|---|
| 第1時 | 場面　「正方形が横一列に増えていくと」 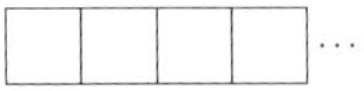<br><br>□□□□　…<br><br>○正方形の数と同じように変わるものは何かを見付ける。<br>C：正方形の面積　C：正方形の辺の長さ（数）<br>C：周りの長さ　　C：対角線の長さ<br>○正方形の数が増えた時，すぐに解決できるものとできないものを整理する。<br>○100個の場合を考えて，問題をつくる。 | 第1サイクル<br>教師が提示した場面から変わると変わるものを見いだし問題設定と問題解決をする活動。 |
| 第2時 | ○「正方形が横一列に増えていく場面」を振り返って問題を変える方法を考える<br>　C元の形　C方向　C増やし方<br>○の形を変える問題をつくって解決する<br>フェーズ3 | |

050

教科提案 **算数科**

| 10月 | 11月 | 12月 | | 1月 | 2月 | 3月 |
|---|---|---|---|---|---|---|
| 柱と円柱の体積 | 拡大図と縮図 | 比例と反比例★ | | 資料の調べ方★ | 量と単位 | まとめ　中学校への架け橋 |
| 数のたし算とひき算／分数と小数，整数の…系 | 直方体や立方体の体積／比例★ | 四角形と三角形の面積 | | 割合とグラフ★ | 正多角形と円周の長さ | 角柱と円柱 |
| り算の筆算／計算…きまり | 面積／しりょうの整理 | 小数のかけ算とわり算 | | 分数 | 直方体と立方体 | 変わり方調べ★ |
| きな数 | 長さ／小数 | 分数 | | □を使った式／円と球 | 2けたのかけ算の筆算 | 三角形／そろばん |
| さ | かけ算 | 三角形と四角形 | | かけ算／分数 | 10000までの数／長さ | たし算とひき算 |
| たち／たしざんとひざん／たしざん☆ | ひきざん☆ | かずしらべ／たすのかなひくのかな | | 長さ／かさ／ひろさ | 20より大きいかず | とけい／かたち |
| 藤の実フェスタ | | 6音楽発表会 | | 5音楽発表会 | | 卒業の会 |

| | 大切にする考え方 | |
|---|---|---|
| り返り，学習計画を立て，発展的に考 | 1000を1とする数の相対的な見方 | 千，万の位までの十進取り位取り記数法 |
| えて，既習と比較しながら方法を考え | 100を1とする数の相対的な見方 | 百の位までの十進取り位取り記数法 |
| を変えて，既習とつなげる方法を考え | 100を1とする数の相対的な見方 | 百の位までの十進取り位取り記数法 |
| えて，既習を自分なりに活かす。 | 10を1とする数の相対的な見方 | 十の位までの十進取り位取り記数法 |
| 新しい計算の仕方を考える。 | 10を1とする数の相対的な見方 | 十の位までの十進取り位取り記数法 |

る。そのための第4学年の単元構成↓

| 第3・4時 | ○場面を変えて増やし方を変えて問題をつくる<br>T：どのように増やし方を変えるか<br>C：正方形の置き方を変える<br>C：正方形を大きくしていく<br>C：階段状に増やしていく | **第2サイクル**<br>第1サイクルの問題を元に問題を変える。仲間とともに問題をつくる活動。<br>※表を用いて変化に着目し捉え，つながり方や数の増え方などの共通点や相違点を見出す。 |
|---|---|---|
| 第5・6時 | ○問題をつくり，出し合う。<br>○つくって解決した問題をまとめた本を作ろう。 | **第3サイクル：フェーズ3**<br>自分で問題をつくって解決する活動。 |

第3学年

# どうして保健室に来た人がこんなに多いのだろう？（『表とグラフ』）

## カリキュラム・デザイン

### 1　本実践で生かして伸ばしたい「資質・能力」

＊資料を分類・整理して，表（一次元表，簡単な二次元表）や棒グラフに表すことができる。

＊表や棒グラフから，数量関係を捉えたり，数量間の関係を読みとったりすることができる。

＊目的に応じて，データを収集したり，分類・整理したりして，分かりやすくまとめる仕方を考えることができる。

＊目的に応じてデータを活用するよさに気付き，よりよく問題解決をしようとし，自分たちの生活を見直す。

### 2　活動全体の流れ

[第0・1時] 保健室に来た記録から問いをつくり，調べ方を考える。

[第2・3時] 保健室に来たのは，どの学年が多いか調べる。

正の字から表を，チェックから棒グラフを考える。

[第4・5時] 棒グラフをかいたり，読んだりする。

「なぜ4年生が少ないのだろう？」という問いが生まれる。

[第6時] 1，3，4年生の3つの棒グラフの比較より，目盛りをそろえることに気付く。

3つのグラフを1つのグラフにまとめる。よりよい表現へ。

このグラフでは問いの答えが導くことができないことに気付き，どんなデータ収集をすればいいのか工夫する。

[第7〜9時] 各自が考えたデータ収集の方法を使って，データをまとめ，考察をする。

[第10〜14時] 総合，国語，保健としての活動。

みんなの広場（全校朝会）で伝えたいという意見から，伝わりやすい方法を考え，発表する。

どうして保健室に来た人がこんなに多いのだろう？（『表とグラフ』）算数科

## 3 本実践の始まりにおける個の学びのモデル

**START**

フェーズ1
- 保健室に1ヶ月にそんなにたくさんの人が行っているの？！！！
- なぜそんなに保健室に行く人が多いのだろう？
- 校庭でよくけがをしていると思う。

学びの土台をつくる
* 『保健室に来た記録』の束を見て，単元を貫く問いをつくる。
* 検証方法を考え，簡単な問いからみんなで調べる。
* 表や棒グラフをかいて，考察する。

フェーズ2
- 『保健室に来る人の学年ごとの数』の棒グラフから，なんでこんなに4年生が少ないの？
- 4年生が，保健室に行った理由を調べたい。
- 調べてみたけれども，この棒グラフでは4年生が少ない理由が分からないよ。
- 他の学年と比べてみよう。
- 4年生が1年生のころの記録を見ないと分からないよ。
- 今度は自分たちで調べたい。

学びを広げていく
* 棒グラフから新たな問いが生まれる。
* 新たな問いに対する検証方法を考え，調べ，棒グラフにまとめる。
* 問いを解決するために必要なデータ収集を各自で考える。グループで，必要なデータ収集をして調べ，発表し合い，比べ，まとめる。

フェーズ3
- みんなの広場で発表して，全校のみんなに伝えよう。
- 全校のみんなが，安全に，健康な生活を送れるようにしたいね。

学びを価値付けていく
* どの順番で発表したら，伝わりやすいのかなどを考え（国語），全校が健康に過ごせるようにするにはどうしたらいいのか（保健・総合）発表する。

**NEXT**

## 活動の軌跡

### 1 「なぜそんなに保健室に行く人が多いのだろう」

保健室の『保健室に来た記録』の束を，担任が子どもたちに見せた。それだけで，子どもたちは反応する。

C たくさんある！

C 先生，それ何日分？　←小さな問い。

C 何枚か数えればいい。←調べ方を考えた。

C 64枚あった。　　　←その方法で調べた。

C あれ？1日に1枚じゃないじゃん。

　　←その方法は失敗と分かる。

C その記録に，日にちが書いてあるから，その最後の紙を見ればいい。←新しい方法を提案する。

C 最後の紙が9月1日と書いてある。←調べた。

C 昨日までだから，1ヶ月ちょっと。

　　←結果を導く。

　保健室に来た記録の紙の束を見せただけで，子どもたちは，問い，検証し，新たな検証方法を出し，結論を導いた。そして，そこから新たな問いが生まれるのである。

C 1ヶ月で，そんなにたくさん！　←驚き

C なんでそんなに保健室に行く人が多いのだろう？

　単元を貫く問いが生まれた。この大きな問いに対し，これから検証方法を考え，その方法を吟味し，結論に導いていく。

　予想がたくさんでてきたところで，Sさんが「どうやって調べるの？」と発言したので，それを小さな問いとして考えることにした。

　「校庭でいっぱい運動しているから多いと思う」という予想は，『保健室に来た記録』からは分か

---

**教師のファシリテーション**

「保健室に来た記録」のデータを見せる。

問い，予想，調べる，新たな問い，とサイクルを回したい。

【大きな問いを生む】

データから調べられるものと調べられないものに分ける。
【分類整理】
【検証方法の吟味】

データから予想する場を設ける。
【問い】

## どうして保健室に来た人がこんなに多いのだろう？（『表とグラフ』）　算数科

らない。いろいろな予想について、**データから、分かるものと分からないものに分け、その中でも簡単なものから調べることにした**。「1，2年生が保健室にたくさん行くから、保健室に行く人数が多いと思う」という予想から、「何年生が多いのかを調べたい」となり、「どの学年が多いのだろうか？」という問いをみんなで調べることにした。

　まずは、担任が、データの学年の欄を1週間分だけ読み上げ、子どもがひたすらメモをして、そのメモの仕方をみんなで振り返った。棒グラフのように塗っているもの、○印を書いているものなど、いろいろな方法があったが、その中で、よりよい方法で書くことになった。それが正の字とチェックの方法であるとなった。[方法の検証]

　正の字の記録方法のよさから表につなげ、**チェックの記録方法のよさから棒グラフにつなげた**。

　棒グラフを書く時、Aくんが「合計の棒が長くなって書ききれない」と話した。この誤答に対して、他の子どもたちは、「合計だけが比べものにならないほど大きくなる」「表は人数を調べるためにあるけれども、棒グラフは大きさを比べる

> 今まで算数で問題ができたら、簡単な物から取り組んできたので、今回も簡単な問題「何年生が多いか？」から調べることとした。【計画】
> 調べる方法を比較する。【よりよい調べ方の吟味】

> 棒グラフに表す。
> 【結果】【考察】

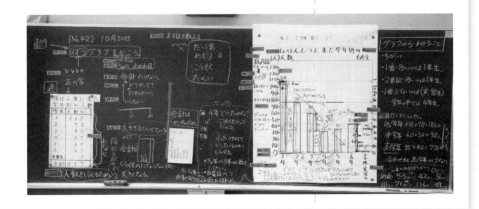

| 実践編① | 第2章 | 055

ためにある」と話した。何のための棒グラフなのか考えることで，目的に合わせて棒グラフのよさを表現することができた。棒グラフから子どもの驚きは，「なぜこんなに4年生は少ないのだろう」ということだった。これが新たな問いとなった。

【新たな問い】

## 2．「なぜ4年生はこんなに保健室に来た人数が少ないのだろうか」

そこで，1, 3, 4年生が保健室に来た理由を調べ，それぞれの学年ごとに棒グラフで表した。その棒グラフを比べやすいように目盛りをそろえることにした。また，3つの棒グラフを1つの棒グラフにまとめるなど工夫をした。しかし，それらグラフでは，「なぜ4年生が少ないのか」は分からなかった。

「棒グラフをより分かりやすくしたいな。」と問う。
1つのグラフにした方が見にくいと子どもに言われた。目的によって，よりよいグラフが使い分けられていていい。

そこで，新たな問い「何を調べたら，分かるのだろうか？」というデータ収集の方法について考え始めた。ここから，今までの学習を生かして，全体ではなく，各自・グループで，データ収集，グラフ作成，結果，考察まで行うことにした。「今の4年生が1, 2年生の頃も少なかったのかを調べたらいい。そうしたら，今の4年生が強いということが分かる」「4年生に直接インタビューをしたら分かる。それをまとめればいい」「どこでけがをしたのかを調べたら，校庭で遊ぶけがが少ないとか原因が分かりそう」などの予想から，過去の保健室に来た記録，インタビュー，けがをした場所の絵地図，全学年の保健室に来た記録を基に，各グループが調べ，まとめた。

上写真：1, 3, 4年の棒グラフ，下写真：3つの棒グラフを合わせたグラフ

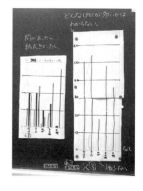

## 3．全校児童によびかける

Sくんが「みんなの広場にエントリーして，全

どうして保健室に来た人がこんなに多いのだろう？（『表とグラフ』） **算数科**

校に伝えよう」と提案し，3年3組全員で，全校児童の前で調べたことを発表した。その発表は，「9月の1ヶ月に，保健室に来た人数は何人でしょう？」「答え，357人」というクイズから始まった。「なぜこんなに多いのだろう？」という問いから，**学年別の保健室に行った人数の棒グラフ，それぞれの学年の保健室にいった理由の6つの棒グラフ，4年生の2年前の棒グラフを見せた**。保健室に行く理由はどの学年もあまり変わらない，4年生は昔から保健室に行く人数が少なかったと結論付けた。4年生にインタビューしてまとめた棒グラフから，4年生は小さなけがでは保健室に行かないことが分かったと伝えた。それぞれの学年のけがをした場所を調べたグループは「やっぱり校庭でけがをするのが多かったけれども，廊下でけがをする人が思ったより多かったので気を付けましょう」と全校児童に伝えていた。保健室に来た曜日別の人数のグラフを作ったグループは，「金曜日は水曜日の2倍もいます。疲れているからだと思います。みなさん，気を付けましょう」と生活を見直し，全校児童にアナウンスをしていた。

問い続けることから，生活を見直し，学びを生かすことができた。

（稲垣悦子）

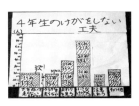

> 子どもは，以前1つのグラフにした方が見にくいと言っていたが，今回は目的に応じて見やすいと判断し，合わせたグラフを作った。教師はそれを価値付けた。

上と下のグラフは，それぞれ目的に応じて作り直したもの

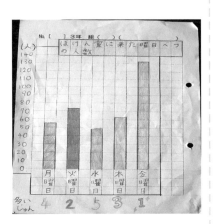

# 理科

## 目指す子ども像

- 多様な事物・現象に対して，科学的な手法を用いて，可能な範囲で解明していこうとする子ども
- 他者との相互作用を通して，自ら知を構築していこうとする子ども
- 知識・技能を活用することを通して，生活や社会をよりよくしていこうとする子ども

## 生かして伸ばしたい資質・能力

- 自然との関わりや日常生活を通して，事物・現象の不思議さや巧みさをありのままに感じ取り，自らの問いを見いだす。
- 学びをともにする集団で，実験・観察，情報活用などを行いながら，思考・表現する。
- 知の構築を通して得た成果を，学習や日常生活などに還す。

## 理科における「自分の学びに自信がもてる」子ども

　子どもの学びの姿を丁寧に追っていくと，実験やものづくりなどの活動に対して意欲的に取り組むものの，問題解決の場面になると，しばしば学習意欲に大きな個人差が見られます。このことは，問題解決能力はもちろん，思考力・判断力・表現力の育成や，知識・技能の習得にも少なからず影響しているものと考えられます。

　本校において，長年に亘り，一貫して目指してきた，「子どもとともにつくる理科授業」の特徴として，「可能なところは子どもに任せること」「教師の働きかけとして適切な学びの場を設定し，子どもを緩やかに導いていくこと」が挙げられます。また，どの教員が担当しても教える内容は同じであるものの，あえて教員や学級集団による違いをもたせて授業を展開していることがもう一つの特徴です。「子どもとともにつくる理科授業」は，教員と子どもたちの手によってつくられる独自の学級文化，そして，科学文化への依存性が極めて高いということができます。私たちは，こうした学級文化，科学文化の構築に自ら参画してこそ，子どもたちが自信をもって学び続けることができるようにな

教科提案 理科

ると考えています。

　そのための手立てとして,「理科授業の中だけで閉じた科学ではなく,科学文化をひらいていくための学習環境として,校内に自然や科学に関わる事象を日常に遍在させておくこと」「子どもが日常生活の中における科学を認識できるような多様な素材を提供したり,当該する問題解決に適している厳選した素材を準備したりすること」「日常生活と科学を繋ぐのにふさわしい問題を設定し,その明確化・具体化を図ること」「子ども同士の相互作用を活性化させ,多様な情報を共有したり,より客観的な視点から事象を解釈したりできるようにするために,タブレット端末や授業応答装置などのICT機器を活用すること」「学習感想やポートフォリオなどを活用することにより,子どもの学びに対するメタ認知を促すこと」「行事などの機会に野外巡検を積極的に行うことにより,実物と触れ合いながら,自然事象について実感できるようにすること」を考え,「生活に始まり生活に還る授業デザイン」の実現を目指しています。

（堀井孝彦／河野広和）

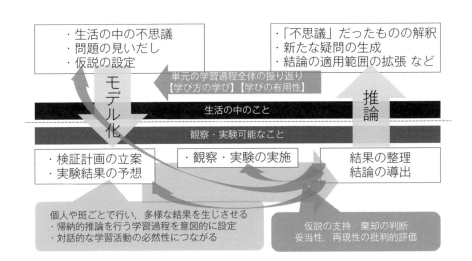

# 【理科】　重点単元学習指導計画

| 学年 | | 1学期 | |
|---|---|---|---|
| 6年 | 単元名 | 土地のつくりと変化（地震・噴火・防災） | |
| | コンピテンス | ・見えないもの（悠久な時間・広大な空間）を，考察する。<br>・自然の恩恵・災害を受けて生きていることを自覚する。<br>・多様な考えから共通点を抽出し，帰納的な推論をする。<br>・多様な考えの差異点から，問い直しが必要なのか，それとも例外や失敗なのかを判断し，新たな考えをつくる。 | ・科学技術は，<br>・自分の目的<br>・（学んだ）技<br>・習得した能力 |
| | ICT | ・視聴覚資料に触れたり，情報機器端末等で情報を収集したりし，その情報を用いて考察する。<br>・共同編集アプリを活用する。 | ・学習感想やオ<br>・共同編集アプ |
| 5年 | 単元名 | 流れる水の働きと土地の変化（防災） | |
| | コンピテンス | ・自然の恩恵・災害を受けて生きていることを自覚する。 | ・複雑な事象<br>・複雑な事象<br>な命題に |
| | ICT | ・視聴覚資料に触れたり，情報機器端末などで情報を収集したりし，その情報を用いて考察する。 | ・学習感想やボ<br>・共同編集アプ |
| 4年 | 単元名 | 雨水のゆくえと地面の様子　※梅雨の時季に実施 | |
| | コンピテンス | ・自然の恩恵・災害を受けて生きていることを自覚する。 | ・複雑な事象<br>のの一部が<br>・要因を適切 |
| | ICT | ・共同編集アプリを活用する。 | ・共同編集アプ<br>・学習感想やオ |
| 3年 | 単元名 | 物と重さ<br>磁石の性質 | |
| | コンピテンス | ・分からないことを楽しむ。<br>・自分の考えに，他者の意見を取り入れ，よりよいものを作り上げる。 | ・分かったこ<br>こから「問題<br>・問題解決プ |
| | ICT | ・共同編集アプリを活用する。 | ・共同編集アプ |

1学期：生活をみつめる（防災）　2学期：生活に始まり，生活に還る　3学期：まとめ

教科提案 **理科**

| 2学期 | 3学期 |
|---|---|
| 理科卒業研究 | 理科卒業研究及び発表 |

人の願いを反映し，生活を豊かにしていると感じ，またそこに参画する。
（希望）を具体化し，表現する。
術を用いて，目的を達成する。
に発揮し，科学的追究を楽しむ。

－トフォリオを生かして目標を設定する。
‖を活用する。

| 流がつくる磁力 | 物の溶け方 |
|---|---|
| 証のためにモデル化して捉える。<br>，要因を抽出し，関係付け，検証可能<br>。 | ・習得した能力を発揮し，科学的追究を楽しむ。<br>・（学んだ）技術を用いて，目的を達成する。<br>・自分の目的（希望）を具体化し，表現する。<br>・結論を導出したのちに，問題全体を見直すことで，<br>　新たな問いを生むことや，結論の提要可能な範囲を<br>　限定し，確からしさを保つ。 |
| トフォリオを生かして目標を設定する。<br>‖を活用する。 | ・学習感想やポートフォリオを生かす。<br>・共同編集アプリを活用する。 |
| 電流の働き | 金属，水，空気と温度 |
| | 天気の様子（水の自然蒸発と結露） |
| 要因を抽出することで，分からないも<br>るかもしれないと思う。<br>ントロールし，望む結果を得る。 | ・習得した能力を発揮し，科学的追究を楽しむ。<br>・（学んだ）技術を用いて，目的を達成する。 |
| ‖を活用する。<br>－トフォリオを生かす。 | ・共同編集アプリを活用する。 |
| 気の通り道（スイッチ） | 光と音の性質 |
| 基に，新たな問いを生み出したり，そ<br>設定したりする。<br>スを自分たちで計画し，実行していく。 | ・習得した能力を発揮し，科学的追究を楽しむ。 |
| ‖を活用する。 | ・共同編集アプリを活用する。 |

第 6 学年

# 燃焼の仕組み～マイストーブをつくる～

## カリキュラム・デザイン

### 1　本実践で生かして伸ばしたい「資質・能力」

＊理科の単元内容を習得するだけでなく，科学文化としての「火」にふれ，
　自ら科学文化の構築に参画しようとする。

＊生活の中にある複雑な事象に対して，科学的手法を用いて，問題を見い
　だし，これらの問題を解明する。

＊一人一人の実験結果や意見を考察の対象とし，多量の情報を扱うことに
　よって妥当な結論を導出する。

### 2　活動全体の流れ

[第1時] キャンプ用品の火起こしやコンロ，七輪など効率のよい燃焼装置を
　用いて，ものが燃える様子から学習問題をつくる。

[第2時] 問題を整理・分類し，単元の見通しをもつ。

[第3時] 燃焼装置をモデル化し，粘土や集気瓶などの実験用具と対応させる。
　それを用いて，空気の通り道を制御し，実験方法を考案する。

[第4・5時] 各班で実験を行い，それらの結果から，「空気の通り道があるこ
　とで燃焼が継続できること，燃焼の勢いを保てること」を導出する。

[第6時] ステンレス配管を用いたロケットストーブを見て，その事象を解明
　しようとする。

[第7・8時] ロケットストーブをモデル化し，レンガブロックを用いて再現する
　ことで，仮説を検証する。ロケットストーブの仕組みを科学的に説明する。

[第9・10時] 燃焼には，空気中の何が，どのように関係しているか実験する。

[第11・12時] 実験から「植物体が燃えると酸素が使われ，二酸化炭素が生じ
　ること」を導出する。

[第13～18時] 単元での学びを生かし，各自がマイストーブをつくる。

[第19・20時] マイストーブを用いて，物を燃やし，食べ物を加工する。

[第21時] 活動を振り返る。

062

燃焼の仕組み〜マイストーブをつくる〜 理科

## 3　本実践の始まりにおける個の学びのモデル

**START**

フェーズ1

◀ 火を燃やすの楽しい！もっと火を強くしたい！

＊問題づくりのための共通体験をする。

フェーズ2

◀ よく燃えるためには，何か条件があるみたい。空気の通り道？

◀ 自分は，空気の通り道を調べる。空気の量，空気の有無，水分……みんな色々な視点で考えているな。

◀ ロケットストーブ！火が強い！すごい！……なんで？

◀ 多分，空気が関係していて，レンガを使ってこういう通り道にすれば……できそう！やっぱり！

◀ おお！こっちの班は，レンガ6個で作れたか。なるほど。

＊問題は各班の言葉で表現する。

＊多量の情報を関連させながら結論を導出する。

＊試行錯誤を行い，既習事項と事象を結び付け，言語やものづくりとして表現する。

＊多様なロケットストーブから，各自の工夫を理解し合う。

フェーズ3

◀ わたしのストーブはこういう仕組み。うまく燃えた！必要なものは自分たちでつくり出せる！

＊身に付けた力を行使する。科学文化的活動を行う。

**NEXT**

## 活動の軌跡

### 1 「ものが燃える」とは何か

日常生活の様々なところで、科学の成果が役立てられている。ものが燃えること一つを取り上げても、ガスコンロや煙突、ライターと様々にある。理科「燃焼の仕組み」では、キャンプ用品を主として、ものを効率よく燃やすための装置を用いて、割り箸を燃やすことを行った。その次に、通気口のない空き缶を用いて、割り箸を燃やした。空き缶で燃やすと、煙がたくさん出て、燃え残ったり、途中で火が消えたりした。一方、装置の方は、最後まで燃え尽き、灰になった。煙もあまり出ない。

日常にありふれた事象だが、子どもたちは、この違いについて考えたことはあまりない。当たり前と認識していたものを不思議に思ってみる、考え直してみる態度は理科として重要である。また、その態度は、不思議を対象化し、命題にする能力や要因を抽出し、因果関係を推察する能力などに支えられている。理科部の目指す自信には、能力も不可欠である。

この事象の比較から、KMは「**煙の発生条件は何か。空気穴が大きくなったり、広くなったりすると煙の量が変わるのか**」と考えた。IMは、「**ちりちりと赤く燃えるものと、ボウボウと火を上げて燃えることには、空気の入りづらさが関係あるか**」と考えた。SAは「**燃やすための装置は、燃やすための工夫をしているだろう**」と考えた。MKは、「**割り箸の置き方が違うことに関係があったのか**」と考えた。これらを元に、タブレット上に問題として扱いたいものを出し合った。

問題「**空気の通り道があると、煙の量は変わるのか**」を追究した班は、空気がよく通ると、煙の

---

**教師のファシリテーション**

> この単元は、子どもたちの生活や興味とどのように関係するだろうか。林間学校が近いし、キャンプ用品かな。「何か焼いてみたい」となりそうだ。

> それぞれの問題は、表面的には、違うことを言っているが根本は、「空気の通り道」についてのこと。後で、結果の共有をしたときにそれぞれの考えたことはつながるだろう。

> 通り道の「ある」と「ない」は、どうやって変えるのか。他の条件を揃えないといけない。

量は，少なくなるという結論を導出した。問題「空気の通り道が大きいと，火は大きくなるか」を追究した班は，空気がよく通ると，火は勢いよく燃えるという結論を導出した。問題「物を燃やす装置は，物を燃やすための工夫があるか」を追究した班は，どの装置にも，空気を通すための仕掛けがあることを発見し，物を燃やすことには，空気の通り道を確保することが欠かせないことを導き出した。

<u>これらを関連させて考え</u>，ONは「火が強いときに煙が出ないんだ」，「どの製品にも工夫があるんだ。考えた人はすごい！」と記述した。

> 空気の通り道の大小は，どうやって変える？ 底のない集気びんと，粘土を使ってみる？ びんと粘土は，それぞれ，この装置(コンロ)でいうとどれにあたるだろう？ モデル化を促そう。

## 2　ロケットストーブ，「火」は文化

「これ何？ 煙突？」。燃焼は，子どもたちに身近であっても，ロケットストーブは身近ではない。しかし，学習の文脈上，火に関することであることや高く伸びた太いステンレス管は，煙突を子どもたちに想像させた。

「何が起きるか，よく見ててね」と言い，火のついた割り箸を投入した。<u>最初は，ただゆらゆら燃えるだけだが，徐々に，火が奥の方へ引き込まれていく。同時に，ごうごうと風が起きている音がし，煙突の上からは，灰がチラチラと舞い出している</u>。「中はどうなっているの？」と煙突に手をかざしたり，上から覗き込もうとしたりする子が出てくる。制止し，危険であること，許可をとって行うことを伝えた。たちまちに割り箸の燃料は尽きる。「もっと入れて！」とある子が言う。再度，割り箸を投入し，今度は，投入口に蓋をしてみた。その直後に，真っ黒い煙が，煙突からボワッと出る。不完全燃焼が起きるからだ。

> 条件を変え，程度を大きくすることで要因が見えやすくなる。やはり，ある程度の規模のストーブが必要だった。

「これは，ロケットストーブといいます」「どのような仕組みかな？」「学んだことを使って考えてみよう」と投げかけた。

それぞれが，見た事象を書き記し，その仕組みについて仮説を立てた。PKは火をつけるまでは，無風であることから，目には見えない力の向きを考えた（写真右掲）。

「では，みんなの考えた仮説を確かめよう」「その通りなら，同じ現象を起こせるはず」「このレンガを使って，作りましょう」キャンプ場の炊事場をイメージしてレンガを組む子がいた。それは，当然，ロケットストーブにはならない。**ある程度，閉じた空間で，温められた空気が上昇し，煙突内の圧力が下がることで，投入口から，自動的に空気が吸い込まれるようにしなければならない**。第4学年で学習する，暖まった空気の体積変化や対流の学習内容と関係が深いものである。しかし，それと，ロケットストーブをつなげて考えることはなかなか難しい。

> 見えない力を想像させることは難しい。空気が動くことと温度が関係することを想起させよう。

「割り箸が燃えて，暖まった空気は，どこに行くのかな？」と声をかけるとWNは「あっ！」と反応し，すかさず班の仲間に解説を始めた。仕組みが解明され出し，試行錯誤の末，ロケットストーブが各班で成功し始める。中には，最初に，自分たちで息を吹き込んだり，煙突に蓋をして一気に引き上げて空気を引き込んだりする必要のあるものもあった。その違いも考察対象として価値がある。

ロケットストーブは，もともと発展途上国で利用されたものである。貴重な資源は，無駄にはできない。効率よくエネルギーを利用する必要がある。**ロケットストーブは，多くの人を救っていることを伝えた**。そうすると，MMは，なるべく

> 科学が社会に貢献している文化面を伝え，そこに参加できる自信をもってほしいな。

燃焼の仕組み〜マイストーブをつくる〜　理科

少ない数のレンガで，ロケットストーブの機能を成立させることに挑戦した。最小で6個でできていた。OHは，煙突内に上昇する流れがあればいいということに着目し，温めたレンガを煙突を構成しているレンガと交換すれば，空気の流れが生まれロケットストーブができるだろう，と新たな仮説を立て，成功していた。2人とも，これらの成果を自分や班だけのものにせず，全体に発表する。ロケットストーブの形の違いは，発想の違いであり，個のよさの表れである。

## 3　マイストーブを使う―DIY精神―

　単元末には，自分たちでストーブを作り，使うことを提案した。ISは，「初めは火に関して，誰でも言えるようなことしか書けなかったけど，酸素や空気の通り道のことが分かるようになった」「ロケットストーブは6個で作れたが，ただ燃える機械になったしまった」「今なら形を変えればできる気がする」とまとめに記述してある。

　学んだことにより，「できそう」という自己効力感が高まる。本校の目指す自信の一側面であろう。それを，ストーブ作りを通して実現し，さらに確信を高めていく。OKは，最初の空き缶での実験を振り返り，**「よく燃える＝空気穴が多いということだから，空き缶も穴を開けることで使えるようになる」**「一つの知識から拡げ，それらを使うことで，色々なこと（発見とか）につながっていく」と**まとめた**。これは今回のストーブに限らず，より汎用性のある知識や技術を自分でつくり出していけることを表現していると考える。この知識観や能力観が自信となり，学び続ける意欲を支えていく。

　　　　　　　　　　　　　　　（河野広和）

> 金属板の切断や穿孔は，難しく危険な作業だが，やりがいもあるだろうから，安全に配慮しながら，子どもに任せてみよう。

> 最初の空き缶のときから振り返ってアルバム（一枚ポートフォリオ）をつくろう。

# 音楽科

## 🧑‍🎓 目指す子ども像

● 自ら音楽に働きかけようとする心情をもった子ども

● 「分かった」「できた」と満足するだけでなく，その経験を基に「もっと知りたい」「もっとできるようになりたい」「もっと演奏したい」「もっと聴きたい」という願いをもって音楽に関わろうとする子ども

## ✏️ 生かして伸ばしたい資質・能力

・自らの表現を追究しつつ，仲間と共に音楽を楽しむ。

・表現したいことをもち，見通しをもって活動をすすめる。

・自分が表現したいことや感じたことを交流し合いながら，自分たちの表現をつくっていく。

・これまでの経験と学びを今の活動につなげ，よりよい表現を目指す。

## ✏️ 音楽科における「自分の学びに自信がもてる」子ども

　子どもたちが「自ら音楽に働きかけようとする心情」をもてるようになるために，私たちは「仲間と表現をつくる力」を育てることが必要だと考えています。

　学級の仲間と表現をつくる中で音楽の楽しさにひたり，音楽や仲間のさらなる魅力に出会いながら，子どもたちは仲間と表現をつくるために必要な音楽をかたちづくっている要素や技能とそれを獲得するための方法，経験から導き出される表現に対する思いや意図，仲間と協働するスキルなどの力を身に付けていきます。

　そのために，音楽科では各学年やそれぞれの子どもの姿を見取りながら，どのような活動をすることが有効かを検討し，指導計画を更新していきます。

　その中で，私たちが考える「自分の学びに自信がもてる子ども」とは，これまでの音楽経験を通して育まれた「仲間と表現をつくる力」を基に次の表現活動に自ら働きかけていく子であると考えています。

　なぜなら，自ら音楽に働きかけていく子どもは，新たな活動や表現を一緒につくる仲間と向き合ったときに，「○○すればできるかもしれない」「○○して

教科提案 音楽科

みよう」という「はじめの一歩」をこれまでの経験を足がかりに踏み出すことができる子どもたちであったからです。

自分の経験や自分がもつ力を信じて新しい表現に向かおうとすること

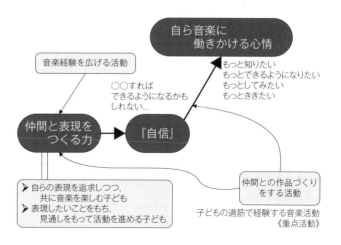

が「音楽に自ら働きかける」契機になると考えています。

## 授業づくりで気を付けていること

　技能教科の側面をもつ音楽科では，「できた」ことや「分かった」ことが表現活動に対する子どもの自信に直結することが多いのですが，子どもの内面で感じていることなので，その子がどのように捉えているのかを見取ることは容易ではありません。そこで，自信が子どもの中に湧き起こっていることを，「○○すればできるかもしれない」と見通しをもって自分の活動を進めている子どもの姿であると考え，子どもの道筋で展開できるように授業づくりを工夫しています。

　音楽科では「音楽活動を広げる活動」と「仲間との作品づくりをする活動」という２つの視点で活動を構成し，授業を展開しています。

　その中で，子どもたちの活動を支えるために次のことを大切にしています。
・音楽経験を広げる表現や鑑賞の活動を設定すること
・これまでの経験を生かして，仲間とじっくり表現をつくり上げる音楽活動を取り入れること
・子どもの道筋で活動が展開していくように，子どもが表現をつくる姿や仲間と関わり合う姿を基に授業設計を更新していくこと

(朝蔭恵美子)

# 【音楽科】 「仲間と表現をつくる活動」（重点活動）

| | 4月 | 5月 | 6月 | 7月 | | 9月 |
|---|---|---|---|---|---|---|
| 6年生 | | | | | | 最後 |
| コンピテンス | | | | ・5年生の経験からの高い意欲をもとに，仲間とつく<br>・思いや意図を仲間と共有し表現する。<br>・より総合的に音楽を捉えて選曲したり，表現に物語<br>・充実した活動の過程を，自分の中で整理すること | | |
| ICT | | | | ・選曲の時に出された様々な曲を，自分たちの音楽発<br>・仲間との選曲を通して，音楽とのつきあいの間口か<br>・学習感想や自分たちの演奏への気付きの交流を通し<br>に活動する。 | | |
| 5年生 | | | 音楽で世界旅行Ⅱ | | | グループ |
| コンピテンス | | ・音楽文化の多様性に触れながら，違いが豊かさにつ<br>ながるという感覚をもつ。<br>・拍節感を感じながら合わせる。 | | | | ・考えを出し合っ<br>演奏のしかたな<br>表現をつくる。<br>・仲間と音楽表 |
| ICT | | ・視聴覚資料を通して様々な音楽文化に触れ，それら<br>を尊重する心情をもつ。<br>・音楽の背景（コンテキスト）を知ることで，人と音<br>楽との結び付きを理解する。 | | | | ・録音や録画を<br>を振り返ったり，<br>たりしながらよ<br>活動をしていく。 |
| 4年生 | | | 音楽で国内旅行 | | | |
| コンピテンス | | | ・我が国や郷土の伝統文化に触れ，<br>そのよさを感じる。 | | | |
| ICT | | | ・情報機器等を使いながら，自分の<br>周りにある文化への気付きを広げ，<br>そのよさを感じる。 | | | |
| 3年生 | | | | リコーダーと仲よし | | |
| コンピテンス | | | ・リコーダーと出会い，よい音の出し方に気付いたり，演奏できるよ<br>うになっていく楽しさを感じる。<br>・よりよい音の出し方を工夫したり，仲間と音を重ねる楽しさを経験<br>りしながら，音楽のよさを感じる。 | | | |
| ICT | | | ・自分に合った練習方法や，自分の課題を，情報端末を活用しながら<br>す。 | | | |
| 2年生 | | ようこそ おあいてさん！ | | | | |
| コンピテンス | | ・音楽を生活の中の様々な場面で活用し，その曲ら<br>しさを生かしてお相手さん（新1年生）との関わり<br>を豊かにする。 | | | | ・身近にある楽器<br>・自分たちの思い |
| ICT | | ・自分たちの演奏を録音・録画したものを生かし，<br>よりよい表現を目指して活動する。 | | | | ・楽器や機器を使<br>・自分たちの演奏 |
| 1年生 | | | お気に入りの歌を歌おう | | | |
| コンピテンス | | ・声をあわせて歌う心地よさを感じる。　自分の好きな曲をもつ。 | | | | |
| ICT | | ・音響機器を自分たちの活動に生かす。<br>・自分たちの演奏・姿を振り返る。 | | | | |

教科提案 **音楽科**

| 10月 | 11月 | 12月 |  | 1月 | 2月 | 3月 |
|---|---|---|---|---|---|---|
| 発表会 | | | | 卒業に向けて | | |
| とへの期待感をもつ。 | | | | ・「卒業の会」に向けての自分たちの思いとその曲に込められた意味を重ね合わせて表現する。 | | |
| もたせたりする。 | | | | ・これまでに自分たちが経験してきた表現活動をもとに，これからも音楽に関わろうという心情をもつ。 | | |
| これからも音楽に働きかけようとする心情をもつ。 | | | | | | |
| によりふさわしい視点をもって聴ける。 | | | | | | |
| る。 | | | | | | |
| りよい練習の在り方や表現の仕方を合意形成し，主体的 | | | | | | |
| わせよう | わたしたちの発表会 | | | | | |
| 器の音色や特徴，しながら一つのくる過程を知る。 | ・思いや意図に合った表現をする。<br>・自分たちの表現を振り返りながら課題解決に向けて取り組み続ける。<br>・自分たちが経験してきた表現活動から，何を学んだのかを見いだし，自分たちの学びに「自信」をもつ。 | | | | | |
| 自分たちの表現資料を参考にし表現を目指して | ・（選曲に向けての活動で）多様な音楽に触れ，音楽の豊かさに気付く。<br>・過去の音楽会をあらためて鑑賞し，自分たちの学びの道筋を描く。<br>・自分たちの演奏への気付きを交流して，練習の在り方や表現の仕方を合意形成し，主体的に活動する。 | | | | | |
| 音楽で世界旅行Ⅰ | | | | 4年生のまとめしよう | | |
| それぞれの国の音楽文化の特性に触れながら，そのよさ気付く。仲間と息を合わせて表現する心地よさに浸る。 | | | | ・自分たちの経験を生かして仲間と協働しながら表現活動をする。 | | |
| 視聴覚資料を通して様々な音楽文化に触れ，より身近にの文化のよさや特性を感じる。 | | | | ・自分たちが経験してきた演奏やその姿を振り返りながら，よりよい表現活動を仲間とともにつくる中で，音楽を愛好する心情を高める。 | | |
| | | | | 3年生のまとめをしよう | | |
| | | | | ・自分たちの経験を生かして仲間と表現をつくる。<br>・意欲をもって楽しく挑戦する。<br>・経験を生かしてよりよい表現にしようとする。 | | |
| | | | | ・自分たちが経験してきた演奏やその姿をふり返りながらよりよい表現活動をつくるなかで，音楽を愛好する心情を高める | | |
| 器となかよし | 歌と楽器を合わせてみよう | | | 楽しかった2年間 | | |
| 表現を広げる。った表現を目指して仲間と工夫を重ねる。 | | | | ・表現活動を学級や学校の文化活動に活かす。<br>・自分たちの経験をつなげて表現する。 | | |
| 自分の思い描いた表現を見付ける。を振り返り，自分たちの思い描く表現の共有をする。 | | | | ・自分たちの演奏を録音・録画したものを生かし，よりよい表現を目指して活動する。 | | |
| | 楽器と仲よし | | | お相手さんに思いを伝えよう | | |
| | ・身近にある楽器に興味をもち様々な表現を楽しむ。 | | | ・これから出会うお相手さん（新1年生）への思いを音楽を通して伝える（歌唱，器楽，身体表現等）。 | | |
| | | | | ・自分たちの演奏を録音・録画したものを生かし，よりよい表現を目指して活動する。 | | |

実践編① 第2章 071

# 第5学年
# わたしたちの発表会
## カリキュラム・デザイン

### 1 本実践で生かして伸ばしたい「資質・能力」

＊仲間と演奏するよさを感じながら，楽しんで活動する。

＊曲の特徴や魅力を感じながら表現を工夫し，思いや意図をもって演奏を
する。

＊パートの役割を理解して合奏をしたり，楽器の特徴を生かして演奏した
りする。

＊曲の特徴や構造を感じとったり，演奏のよさを理解したりして聴いている。

＊自分たちが経験してきたことから，何を学んだのかを見いだしながら，
自分たちの学びに「自信」をもつ。

### 2 活動全体の流れ

---

[第1時] どのような演奏を発表会でしたいか話し合う。

[第2時] 候補曲を鑑賞しながら曲の特徴を捉える。

[第3時] 数曲を試奏してから1曲に決定する。

[第4時] パート決め，指揮者はクラス全員で選ぶ。

[第5〜8時] 個人練習と合奏を繰り返す，サビのあたりまで弾けるようになる。

[第9〜13時] 毎時間の振り返りを基に，練習したい箇所や内容を話し合いな
がら決める。

[第14〜15時] 曲の雰囲気を出すために速さや奏法，音色に気を付けながら
演奏をする。

[第16時] 本番の会場で演奏をして，音の響きやお互いの見え方に慣れる。

[第17時] 本番。

[第18時] 練習の過程や本番の演奏を振り返る。

---

## 3 本実践の始まりにおける個の学びのモデル

**START**

フェーズ1

希望のパートになれた！

＊パート決め。希望者が多い場合，話し合い。指揮者のみ投票。

フェーズ2

サビの前まではできるようになった。もっと先まで合わせたい。

難しい箇所が出てきた。一人では何とかなるけれど，みんなとの合わせではうまくいかないな。

主旋律を聴くと合わせやすい気がする！

他のパートの音がだんだん聴けるようになってきた。

＊練習開始。

＊練習の進度，演奏者の満足感を観察しながら，指揮者と練習内容を相談する。

＊毎回の授業で振り返りを行い，その中から次時の課題を決める。

フェーズ3

明るい感じを出したいな。少しだけ速く演奏してみよう。

周りと合うと気持ちいいな。指揮者とたくさん目が合うようになった。

＊曲想の工夫は具体的な演奏を教師が示しながらイメージを音にしていく。

＊リハーサル，本番，振り返りで自分たちが経験したことを次の活動に生かしていく。

**NEXT**

## 活動の軌跡

### 1 いよいよステージの側へ

本校では，12月と2月に6，5年生が音楽発表会を行っている。全校児童が鑑賞をするため，5年生になるまでにたくさんのクラスの合奏を聴いている。その経験から，音楽発表会への憧れや，挑戦してみたい楽器，パート，楽曲など，5年生で活動に取り組むときには，児童が音楽発表会への自分なりの思いをもつところから始まる。

**今回の5年生とは，どんな演奏にしたいのか，自分たちの音楽の授業での経験から，どのように取り組んでいきたいかの大まかな道筋を話し合うところから始めた。** 子どもたちからは，「明るい雰囲気の曲が演奏したい」，「聴いている方も演奏している方も楽しめるような曲が演奏したい」，「技能の差はあるもの。みんなで1曲を演奏するからこそ，助け合える」などの意見が出され，学級の文化やこれまでの音楽で経験してきたことを再確認する機会となった。

選曲を子どもたちとする。内的動機付けにはふさわしいが，音楽の授業として内容を考えると，**どのような視点で選曲していくのか，鑑賞と表現を往還しながら慎重に選んでいく必要がある。** 子どもたちに"音楽会で演奏したい曲"を聴くと，これまでの音楽会の曲か，彼らが普段聴いている好みの曲が候補になる。教師は，5年生の学習内容として経験させたい音楽的要素や器楽合奏に適する曲の特徴を示し，選曲を行った。ただ"演奏したい曲"ではなく，自分たちの学びや経験として取り組みたいものをクラスで選んでいくという共通認識をもちながら選曲を行い，5年3組は《アンダー・ザ・シー》に決定した。

---

**教師のファシリテーション**

> 4年生までに経験してきたことを振り返るとともに，どんな演奏を音楽会のステージでしたいのか話し合う。

> 選曲にも演奏にも鑑賞の力は欠かせない。何をどのように聴くのか。5年生では構成や楽器編成，リズム，速さ，曲の雰囲気などを扱った。

わたしたちの発表会 **音楽科**

## 2　指揮者を決める

「選ぶってつらいなぁ」指揮者をクラスで決めるときに一人が嘆いた。クラスの指揮者に立候補した2人の中から1人を選ばなければならない。本活動では指揮も子どもが担当し，練習の計画や合奏中のアドバイスも教師と行う。指揮者としての役割が，よりよい演奏に不可欠であることを学んで欲しいからである。そのことを伝えたあと，立候補する子は，意気込みをクラス全員の前で言う。選ぶ側も真剣に，その子がどんな思いでこの活動に臨んでいるのかを聞き，決める。"わたしたちの発表会"となるための重要な過程である。

> それぞれのパートの役割や編曲による各パートの難易度，楽器の特性を子どもたちに伝え，パート選択の視点をきちんともてるようにし，担当するパートのよさや役割を意識させたい。

## 3　いよいよ合奏

合奏を始めると，まず子どもたちは「できる」，「できない」という言葉を多く使う。そしてそのうちに「合う」，「ずれた」などが出てくる。授業では毎回，本時の課題の確認と振り返りを行う。その際に，なぜできたのか，なぜできないのか，また技能を伸ばす気持ちを支えているものは何かを言葉で整理することが教師の役割であると考えている。その子が「こうしたい」という思いがあり，それが「できる／できない」の元にあるかないかでは大きな違いがある。ただ自分自身の演奏をできたかどうかだけで判断していては，効力感や意欲につながらない。

ある日の振り返りの記述には，「Cが難しくて，（合奏に）ついていけない。早く弾けるようになりたい。同じパートの人と練習したい」とあった。また，他の振り返りには，「メロディー（主旋律）を聴いたらできた。大太鼓を聴くより分かりやすかった」とあった。どちらも自分の演奏を認知し

> 授業後の振り返りカードへのコメントで，「何が合わない？」，「なぜ合わないと思う？」など問い返したり，毎回の授業の初めに前時の感想を紹介したりする。

ようとして，それをその子なりに分析したり，方略を考えたり，自分に合う方法を試して見付け出したりしている。

**このような学び方をクラスで共有していく**ことで，技能面のみに終始して「できた／できない」というコメントや考え方が少なくなり，演奏への主体的な姿勢が多く見られるようになってくる。ちょうど，フェーズ2の真ん中のあたりである。

## 4　周りの音が聴こえてきた

**どのくらい自分以外の音が聴こえているかを子どもたちに教師が聞くことがある**。本活動でもそのような場面は多くあり，同じパートや他のパートを意識することで，演奏の中に自分自身がいることを一人一人に自覚して欲しかった。それぞれの演奏と毎時間の振り返りから子どもたち自身が演奏をどのように捉えているのかを見取りながら活動を進めていった。

ある時間に，パーカッションのリズムや速さが合わず，指揮者も解決策が見いだせずにいた。そこで，すでに主旋律を弾きこなしている鍵盤ハーモニカに，**パーカッションの近くで弾いてみてはどうかと，教師が促した**。拍節や記譜のリズムで合わせるのではなく，主旋律に合わせるようにすることで，それぞれぞれのパートのリズムが明確になった。その日のパーカッションパートの子の振り返りには，「鍵盤ハーモニカが近くで弾いてくれて分かりやすかった。また近くで弾いてくれるといいな」とあった。同じリズムを演奏しているパートが少ないパーカッションだからこそ主旋律を聴きたくなる状況となり，音の重なりを合奏の中で感じることができた時間だった。**この時期**

どこのパートを聴いているのか，何を合わせるのか，「合った」という演奏はどういうことなのか，言葉や演奏で共有していく。

周りの音を気にするようになってくる。自分と同じ役割や違う役割を意識できているからこそ，周りが気になる。

パーカッションの近くに行ってみては……と促す。

には指揮者を中心に曲想や旋律やリズムの重なりに視点がいくようになってきた。

> 最初よりも目が合う回数，人数が増えてくる。映像に撮ってフィードバックする。演奏者も指揮者も目が合うことでお互いの信頼がうまれることを実感できるようにする。

## 5　一度きりの本番

　実践としての課題は，指揮者をどのように教師が支えるかということである。公開研究発表会の協議会でも話題になったが，子どもが指揮をする以上，演奏の指導を教師がすることと同様に，指揮や指揮者の役割をもっと指導するべきではないのかなどの意見は今後の実践でも検討していくべきことであると強く感じた。

　本番の演奏は全校児童と5年生の保護者が鑑賞をする。ほんの数分のために重ねてきた練習や工夫を緊張感にも勝る集中力で発揮し，唯一の演奏となる。彼らと時間をかけてつくってきたこと全てがその演奏から伝わってきた。音楽に少しずつ主体的に働きかけられるようになっていった過程が演奏そのものに表れ，本番はどの子も私にとって忘れがたい表情で演奏していた。　　（森尻彩）

# 図画工作科

## 目指す子ども像
- 自分の思いや考えを表すことに喜びを感じられる子ども
- 新たな発想や表現方法などを吸収しようとする子ども
- 自分の表現にねばり強く向き合う子ども
- 友達にも表したい思いや考えがあることに気付く子ども

## 育てたい資質・能力

・楽しさや心地よさを味わい感じる。
・試したり，見付けたりして工夫する。
・色や形，方法や材料の魅力を生かす。
・発表や鑑賞を通して他と関わる。

## 図画工作科における「自分の学びに自信がもてる」子ども

　図画工作部では，自分のよさに気付いていく充実した造形活動の過程でこそ，友達のよさを大切に思う心を育めるのであり，安心して自己を表現できる学習環境の設定こそ子どもが自己実現へ向かう出発点になる，と考えます。一方で，自信を形成する要素は個々の成功体験だけではなく，仲間のつまずきや疑問に直面した場面で，学び集団として解決へ向けて取り組む経験を重ねることで学習意欲が高まる授業を目指しています（**資料1**）。一回一回の授業を通して集団だからこそ感じられる学びの実感を大切に，友達とともに学ぶことの楽しさや難しさを経験しながら，学級の中で学んでいる自覚と自信を一人一人がもってほしいと考えています。

　そのために

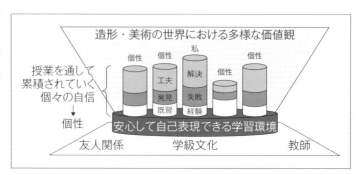

資料1　自信を支える「安心して自己表現できる学習環境」

教科提案 **図画工作科**

は，単元・題材ごとに子どもの意欲が高まるように指導計画を練り（**資料2**），年間・学年ごとの系統的な支援を見据えながら展開していきます（**資料3**）。

(大櫃重剛)

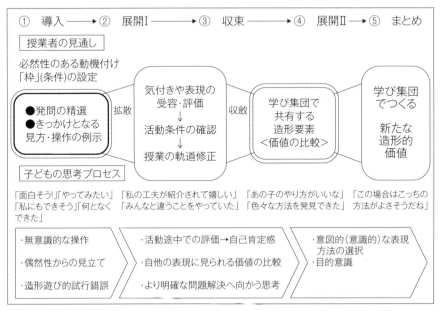

**資料2** 図画工作科の授業における「自信をもち学び続ける」子どもの思考プロセスモデル

**資料3** 「自信をもち学び続ける」学び集団としての発達段階モデル

| 学年目標 | 各学年における「自信をもち学び続ける子どもたち」の期待する姿 |
|---|---|
| 1年<br>つくりだすことへの<br>関心・意欲 | 個々の興味ある対象に対して楽しいことを思い付く活動を通して，互いの興味や感じ方のよさに気付く学び集団に向けて。 |
| 2年<br>実生活への働きかけ<br>自分なりの意味生成 | 身近なものの造形に面白さを感じたり，自分なりの物語性を取り入れたりして表す活動を通して，互いの視点や発想のよさを味わう学び集団に向けて。 |
| 3年<br>共生・共感 | 同じ材料や表現方法から自分の思いを広げる活動を通して，互いの工夫のよさを感じ合う学び集団に向けて。低学年での異なる造形活動の経験を生かしつつ，自分の表現を仲間に表出できる人間関係・雰囲気を構築し直す。 |
| 4年<br>自立・発見 | 自分らしい表現を発見する活動を通して，互いの考えのちがいやよさを伝え合う学び集団に向けて。同じ題材の中で発見した自分の発想を発表する機会を増やし，互いの表現から刺激を受け合う関係をつくりだす。 |
| 5年<br>協働・啓発 | ひとつの表現目標を共に実現しようとする活動を通して，互いの思いを生かしながら高め合う学び集団に向けて。仲間との協働場面における達成感やもどかしさの中で，自分の活動や表現を振り返り積極的に考えを発信し合える関係を目指す。 |
| 6年<br>自己表現・批評 | 自分の表現目標を達成しようとする活動を通して，個々の表現に自信をもち批評し合う学び集団に向けて。自分の表現をより深めるため見直す場面を意識させ，互いの改善点をアドバイスし合うことができる関係を目指す。 |

# 【図画工作科】「自信をもち学び続ける子ども」をめざす題材カリキュラム・育て

| | | 4月 入学の会 | 5月 運動会 | 6月 | 7月 終業の会 | 9月 〈前期 |
|---|---|---|---|---|---|---|
| | めざす子どもの姿（学び集団としても） | 「自信をもち学び続ける子ども」をめざす題材カリキュラム一覧　　★印：「自信 | | | | |
| 6年 50 | 自己表現・批評 個々の表現に自信をもち批評し合う | 鑑 マジカルカメレオンカラー　　絵 お気に入りの場所を見つめて　　版 ★ | | | | |
| | | 鑑・工 ★デジカメパラパラアニメーション | | | | |
| 5年 50 | 協働・啓発 互いの思いを生かしながら高め合う | 絵 ★1枚の紙から別世界へ　　鑑 ★色いろ アートかるた　　絵 ★デコボ | | | | |
| | | 立 そこには，私がいた！　　絵 黒からはじまる物語 | | | | |
| 高学年におけるコンピテンス | | ・空間認識への芽生え，描画（遠近感など）への意欲　　・自分なりの見方や感じ | | | | |
| ICTの活用 | | ・デジタル機器による撮影（空間認識・遠近法を理解する資料として）（互いの作品 | | | | |
| 4年 60 | 自立・発見 互いの考えの違いやよさを伝え合う | 絵 のびるのびーるふしぎな絵　　絵 自分いろ紙から生まれた絵本　　工 ★パック | | | | |
| | | 立 ★窓のむこうは○○の世界　　絵・鑑 「そのば」くん登場　　はじめまして彫刻 | | | | |
| 3年 60 | 共生・共感 互いの工夫のよさを感じ合う | 絵 ★絵の具と水のハーモニー　　遊 長～い紙，つくって　　絵 にじんで広がる色の | | | | |
| | | 鑑 デコボコもようのなかまたち　　立 ★カラフル粘土のお店　　工 ギコギコトン ン 木のようせ | | | | |
| 中学年におけるコンピテンス | | ・造形体験を通して自分らしい見方や表現を発見　　・新たな用具・技法の知識・技 | | | | |
| ICTの活用 | | ・デジタル機器による撮影（互いの視点や物の見方を理解する資料として）（互い | | | | |
| 2年 70 | 実生活への働きかけ 自分なりの意味生成 | 絵 すきなこと なあに　　工 ギュッとしたい わたしのお友だち　　絵 どうぶつさんといっしょ | | | | |
| | | 工 鑑 ★くっつき マスコット　　絵 つづきえ どんどん　　工 ★ひみつのグアナニ | | | | |
| | | 絵 えのぐじま　　遊 土って 気もちがいい　　工 コロコロ大さくせん！　　遊 | | | | |
| | | 低学年総合学習 | | | | |
| 1年 68 | 作り出すことへの関心・意欲 | 絵 すきなもの いっぱい　　工 およげ！ ひかりのくにのなかまたち　　遊 しぜんと | | | | |
| | | 工 鑑 ★チョッキン パッで かざろう　　絵 「じぶんマーク」でみんな ともだち | | | | |
| | | 絵 クルクル ぐるーり　　遊 いろいろ ならべて　　工 ★みて みて，いっぱいつく | | | | |
| | | 低学年総合学習 | | | | |
| 低学年におけるコンピテンス | | ・体全体の感覚を使って　　・興味ある対象から楽しいことを思い付く　　・形 | | | | |
| ICTの活用 | | ・デジタル機器による撮影（自分たちの活動を振り返る資料として），　・作品や活 | | | | |

教科提案　**図画工作科**

たい力

| 10月 | 11月 | 12月 | 1月 | 2月 | 3月 |
|---|---|---|---|---|---|
| 教育実習 | 〈後期〉 | 藤の実フェスタ | | | 卒業の会 |

に関わる題材を重点的に取り上げる。

見付けた私の世界（スチレン版画）　絵 はさみが歌うと紙がおどりだす

墨の七色　遊 おどる光，遊ぶ影　卒業製作（木工）★私は12才のデザイナー → 作品展

に絵の具が走る　版 色を重ねて 夢を広げて（彫り進み版画）　工 ★ひらけ！からくりボックス

糸のこドライブ　遊 つながれ！広がれ！ダンボールアート　絵 この靴でどこまでも（コンテパステル）

気付き，自分の主題を決定　・材料と場所の特徴から発想する　・既習経験の統合

賞し合う資料として）（自分の活動プロセスを振り返る資料として），・表現手段としての利用（アニメ・動画等）

工 ★とびだす思いをプレゼント　鑑 タッチ，キャッチ，さわりごこち　工 色糸あんでドリームキャッチャー

版 ほると出てくる不思議な花　工 つくってつかってたのしんで　絵・工・鑑 ★ありがとうの思いをこめて
（卒業の会・舞台演出）

タイヤをつけて出発進行　絵 キラキラの世界へ　立 くつ下や手ぶくろにまほうをかけると
遊 光と影のコンサート

絵 ★ふしぎな乗り物　工 こんにちは，ふわふわさん　絵 ★ハートをとどける郵便ポスト
工・鑑 卒業の会（入り口）

・動きや操作から生まれる発想　・さまざまな材料の経験

を鑑賞し合う資料として），・作品や活動の記録（ポートフォリオ），・新たな用具，技能，技法を学ぶ教材

キラキラシャボンで　絵 ★ぼかしあそびで
遊 ちきゅうからの おくりもの　工 鑑 カッターナイフタワー
★あつめて，ならべて，いいかんじ　絵 形のかくれんぼ　絵 ★うつして 見つけて　絵 どきどきカード
って，ひねって，つなげると　工 かぶって へんしん　工 ピコリン星 ゆめのステージ

し　絵 さわって，はって，たしかめて　工 ★どうぶつむらの ピクニック
工 鑑 ★くしゃくしゃがみからうまれたよ
のばしてべったん　絵 てで さわって かくの きもちいい！　工 おさんぽ トコトコ
絵 はっけん！あたらしい なかま　工 おあいてさんを
遊 ★うつして あそぼう　工 びっくり ピョーン　絵 えがおつうしんにっこりニュース
絵 できたらいいな，こんなこと　おむかえしよう

立て　・自分なりの物語　・身近なものから造形の面白さを感じ取る

録（ポートフォリオ），・新たな用具，技能，技法を学ぶ教材

| 実践編① | 第2章 | 081

## 第1学年

# 3くみしょうてんがい～わくわくニュース～

## カリキュラム・デザイン

### 1　本実践で生かして伸ばしたい「資質・能力」

＊自分や友達の興味ある対象に対して楽しいことを思い付く。

＊準備したり試したりする中で，互いの見方や感じ方のよさに気付く。

＊発表を聞く人や思いを届けたい人の立場になって表し方を工夫する。

＊仲間の願いを形や活動として実現するため自分にできることを見いだす。

＊活動を振り返り，手応えや課題から次にやってみたい思いを広げる。

### 2　活動全体の流れ

---

※単元前の活動として4月からの毎朝の取組「みんなで○○しませんか？」がある。

[第1時] 「みんなで○○しませんか？」の振り返り【もっとこうしたい，みんなに教えたい】

[第2時] 自分たちの提案した約30の活動を分類・統合する【みんなでやってみたい】

[第3時] チームの友達と再度，活動の目的について話し合う【一番やりたいことは何だろう】

[第4・5・6時] 自分たちのチームが発表したい活動の内容を決め，計画を立てる。必要な材料や場所を予想し，まず自分たちで試しに活動してみる。

[第8時] 実感した楽しさを伝える（発表する）方法を考え，係を決める【どう話せばいい？】

[第9時] ふじのみフェスタに参加し，上級学年の発表からヒントを集める。

[第10時] より具体的な発表イメージをもち，再度，準備の計画を見直す。

[第11・12・13時] 準備・練習を進めながら，互いの進捗状況を発表し合う。

[第14時] 8チームで会場（教室）の配置とタイムテーブルについて話し合う。

[第15時] ミニフェスタ（1学年のみ発表）を開催する。

[第16時] ミニフェスタ振り返り（参加してくれた上級生からの手紙や保護者の反応から）

[第17時] 新たな相手意識を想定し，今後の活動を計画する【新入生にも教えてあげたい】

[第18時] 自分たちの活動のよさが伝わる方法を探り，新学期へ向けて練習（リハーサル）

---

3くみしょうてんがい〜わくわくニュース〜 図画工作科

## 3 本実践の始まりにおける個の学びのモデル

**START**

フェーズ1
- 家で一人でやってみた遊びが楽しかったから，教えてあげたいな。
- どうやって紹介すれば，みんなもやってみたくなるかな？
- もっとみんなに知ってほしい。他の友達とも一緒にやりたいな。

＊朝の会での提案「みんなで○○しませんか？」で呼びかける。
＊試作品を紹介したり，作成したポスターを掲示したりして，賛同した友達と休み時間に活動する。

フェーズ2
- 同じことをやってみたい友達が集まれば，すごいことができそう。
- なかなか同じチームでも思いが合わない…一番やりたいことは何？
- どんなふうに話せばいいだろう？
- お相手さんの発表をよく調べよう。
- みんなに喜んでもらえた。でも上手く伝えられなかった所もあった。

＊やってみたい活動を分類・統合する。
＊活動の目的を確かめながら見通しをもち，準備・練習を重ねる。
＊ふじのみフェスタでの学びを自分たちの発表に生かし，さらに工夫する。
＊ミニフェスタ振り返り。

フェーズ3
- 「小学校ではこんな楽しいこともできるよ」と新入生に教えたい。

＊発表から得た自信を新たな相手意識へと繋ぐ。
＊自分たちの活動のよさが伝わる方法を探る。

**NEXT**

実践編① 第2章 083

## 活動の軌跡

### 1 「みんなで○○しませんか？」

「35人だからこそ感じられる学びの実感」を大切にしながら「興味・関心や経験の違いから生まれる学びの多様性」を吸収し合うことで，新たな発見や学びの方向性に気付く子どもであってほしい。そのためにも，互いの「伝えたい」「知りたい」思いを学級経営の原動力にしていきたい，と考えた。

そこで毎朝の活動として，あいさつ・司会進行（日ごとの輪番），合唱曲の提案（誕生月グループごとの輪番），クイズ出題（個人エントリー制），「みんなで○○しませんか」（個人／グループ・エントリー制）などの提案・発表の場面を設定し，子どもたちの興味・関心を表出する機会を積極的につくることにした。また，教室の壁面に提案児童が作成した「○○しませんか」ポスターを順次，掲示することで考えや情報を確認できるよう可視化した。

4月当初，朝の各取組に向けた準備（話し合いや活動）を自発的に進める姿が見られた一方で，授業や学校生活の様々な場面で「伝えたいのに聞いてくれない」という悩みや「どうすれば友達の考えをうまく聞き合えるか」というコミュニケーション面の課題が浮上し，学級で話し合ってきた。その中で子どもたちから，相手の立場になって分かりやすく話す技術，相手の思いを受け止める姿勢づくりなどについての解決方法が提案され，徐々に安心して発表・提案できる環境が整っていった。

---

**教師のファシリテーション**

学級全体での取組を通じ，自分の役割に責任感や自己有用感をもたせるために，一人一人の関心や得意分野についての相互理解を深める場面を設定しよう。

せっかく素晴らしい提案や取組をしていても，互いの発表を聞き合えない状況では意味がない。まず優先すべきは，安心して自己表現できる学習環境だ。

3くみしょうてんがい～わくわくニュース～ 図画工作科

## 2 「3くみ しょうてんがい」を目指して

　1学期は「自分のことを知ってほしい」という主体的な学びが中心だったが、2学期は「友達と一緒だからできることは何か」という小集団での活動に見通しをもちながら、話し合いや問題解決を重ね「みんなでがんばったからできた」という達成感を獲得させたい、と考えた。そこで、1学期から「みんなで○○しませんか」で提案された約30の活動を、子どもたちの願いを聞き取りながら約8つの活動に分類・統合した。これらの活動へ向けた思いや経験をさらに小集団で試しながら広げていき、「3組商店街へようこそ！」（児童Hによる命名）という学級全体の取組へ発展させていくことにした。そのきっかけは、話し合いの中で、彼らが自分（自分たち）の思いを、教室内から外（お相手さんをはじめ、他学年の児童）にも教えたいという願いを抱いている姿があったからだ。

　いよいよ8班の活動チーム（手づくり楽器コンサート・阿波踊り・マジック・自然工作・紙工作・パズル・きらきらアクセサリー・紙ひこうき）に分かれ、全員の願いを出し合いながら発表内容について企画が始まった。<u>この目的意識を紡いでいく場面で班編成の難しさが浮上することは予想していたが、「もう一度自分たちが伝えたいことは何か」について話し合う中で「あれもこれも、やってみたかったこと」が整理されて目的が明確になっていく姿</u>が見られた。

> 1年生の発達段階から見ても要素が多すぎる活動は進めることが難しい。メンバーの思いを簡潔に整理し直すことで学習意欲を焦点化したほうがよいだろう。

　このスタートラインの足並みが揃うと、あとは各自が「みんなのために自分ができること」を意識しながら材料集めや準備を進めたり、発表内容や司会進行の練習を重ねたりして全10回ほどの

準備時間は足早に過ぎていった。

発表が間近になると本番同様のリハーサルを望むようになり，ここで班内での課題解決はもちろんのこと，他の班の友達からのアドバイスが大きな評価規準となっていった。「もっと大きな声で話さないと聴こえないよ」「そのポスターの字の大きさだと，ここから読めません」などの<u>具体的な指摘については随時，素直に聞き入れて改善を重ねる姿が多く見られるようになった</u>。

> 積極的にアドバイスする子も，その意見を参考にして改善しようとする子も，互いに「もっとよくしたい」という意識が高まっている。

さらに，「今日の準備でできなかったこと」「次回までに用意してくること」を<u>活動のまとめに各自がメモをしてから解散する姿から，学習意欲と当事者意識の高まりが感じられるようになった</u>。

> 自然に振り返りと新たな目標設定ができている班の存在を他の班にも知らせ，さらに意欲を全体で高めよう。

また，先行して開催された上級生による『ふじのみフェスタ』に客として参加する<u>子どもたちがメモ帳を片手に調べてきた，店の教室内レイアウトや店員の接客方法についてのデータが，のちのミニフェスタで「3組商店街」を準備する手本として大いに効果を発揮することになった</u>。

> 「お相手さんが，どういうふうに説明を工夫しているか調べながら巡ろう」といった声かけで当事者意識を高めよう。

その後も練習⇔試行⇔振り返りを重ねながら，緊張感と自信が入り混じった表情でミニフェスタ発表当日を迎えた。想定を超える来場者数のおかげで懸命に練習してきた説明の声も掻き消されるほどの状況下，経験したことのない人数の前で発表したり，パフォーマンスしたりする場面では，見ている人の表情や反応などから，発表後にも個別に質問を受けたりするやり取りから確かな手応えを感じている様子だった。さらに翌日，お相手さんから各自に宛てて送られた手紙には「全てを自分たちで作っていてすごかった」「何回も練習したことが伝わってきました」などの感想が綴られており，いっそう自信を深めていた。

3くみしょうてんがい〜わくわくニュース〜 **図画工作科**

　一方,「なぜ発表がうまく伝わらなかったのかな?」という課題意識ももち,今後の活動につながる発言をする子も多く見られた。

## 3 「わくわくニュース」で伝えたいこと

　この1年間で身に付けたことを確認することで,自分たちの成長を実感し,来年度へ向けた活動をつくっていく原動力とするために,ミニフェスタを通して獲得した学びを踏まえ,学級としての発表の場をさらに設定したい,と考えた。

　そのためには「3組商店街」を上回る目的意識と相手意識の再設定が不可欠であり,来春に1年生を迎えるという意識こそが相応しいと,子どもたちとの対話から気付かされた。さっそく「どんな方法で自分たちの活動の楽しさを伝えようか?」と話し合ったところ,下の表のようなイメージが挙げられた。これらの伝達手段は,彼らが経験してきた読み聞かせや鑑賞してきた演劇,さらに他の学級が発表していた場面を見た影響も大きい。

　自分たちの活動のよさや「伝えたいことは何か?」という目的意識に立ち戻り,伝わりやすい表現方法や工夫を見いださせたい。　　（大櫃重剛）

●新しいお相手さんにどうやって伝えようか?

| | |
|---|---|
| 紙工作 | 紙芝居 |
| パズル | |
| 阿波踊り | 劇 |
| きらきらアクセサリー | 人形劇 |
| 自然工作 | 影絵 |
| 紙ひこうき | 影絵＋人形劇<br>（本時,抽出して発表予定） |
| 手づくり楽器コンサート | |
| マジック | |

# 体育科

## 目指す子ども像
● 仲間とともに運動をたのしめる子ども

## 育てたい資質・能力

「『いつでも・どこでも・だれとでも』すすんでスポーツをたのしむことができるようになる」ことを教科目標とし，そのために育てたい資質・能力を，以下の図のように（1）教科に関わる資質・能力と（2）汎用的な資質能力という2つの観点から整理することを試みました。これらを育んでいくことを念頭に6年間のカリキュラム作成・展開を行っています。

## 体育科における「自分の学びに自信がもてる」子ども

　一般的に，自分が能力的・社会的に優位に立つ状態を自信と捉えることが多いように思われます。しかし，それは状況的であり相対的な尺度であって，ところ変わればその優位性は揺らいでしまうでしょう。例えば，ある学校で学力が1番だったとしても，それは，「あるテスト」，「ある学校」という限定的な対象・環境の上に成り立つ順位です。だとすると，その状況を「能力的・社会的に優位に立つ状態」であるとして，いわば「ふんぞり返ってしまう」のは，なんだか滑稽なことであるように思えてきます。なぜならば，そのような限定

### （1）教科に関わる資質・能力

| スポーツ文化の理解 | ・面白さの理解<br>・より深く味わうために必要な技術や戦術とその仕組み<br>・ルールや使用する用具，器具とプレイの関連性<br>・社会におけるスポーツ，スポーツ文化の多様性や変遷<br>・運動やスポーツ特有のルールやマナー，作法 |
|---|---|
| 学び方<br>思考力 | ・課題の発見，課題解決の見通し，方法の吟味<br>・運動を客観的観察，分析<br>・運動パフォーマンスとイメージの擦り合わせ |
| スポーツ実践 | ・日常生活の中で様々な軍団と運動やスポーツを楽しんだり，そのためのルールや方法を工夫したりすること |

### （2）汎用的な資質・能力

| | |
|---|---|
| 「できそうにない」「経験したことがない」といった状況でも前向きに関わること | その場や集団の状況，文脈に応じて，共有するべき枠組み（フレーム）を構成する態度や能力 |
| 他者と相互作用的に学習を進め，成果を発揮したり実感したりすること | 課題解決の際に，既有知識と関連させること |

性の中で我々は生きているのではなく，常に移り変わる状況の中で生かされているのであり，その時々での最適解を見いだしてく必要があるように思われるからです。

このような「常に移り変わる状況」においては，困難さや未知の事象，新たな課題とどう対峙するかが一層重要となるのではないでしょうか。そしてそのような状況では，必ずしも全てが「分かっている」「できる」わけではないでしょうし，経験したことのない事態に直面することもあるでしょう。その意味で「能力的・社会的に優位に立つ状態」よりもむしろ，今の自分にとって「できるかどうかわからない」対象や状況に対して，主体的・能動的に向き合うことのできる力が求められるように思われます。

そこで体育科では，「自信」をもって学ぶ姿として「今はできないが，どうすればできそうなのかの見通しが（身体で，頭で）もてる状態」と捉えることとしました。そして，このような力を育んでいくための授業デザインとして，「深める」学び，「拡がる」学びという二通りの授業デザインを構想しました。

(1)「深める」学び（図1）

「面白さ」を深めるために必要な課題の発見→解決という課題解決的な学びが，他者との相互作用の中で行われることを目指していきます。

(2)「拡がる」学び（図2）

生涯にわたって運動やスポーツに親しむためには，多種多様な「ひと，もの，こと」の中にスポーツをたのしめることが大切です。そのためには，それを様々な他者と共有できる資質・能力が必要となるでしょう。

（久保賢太郎）

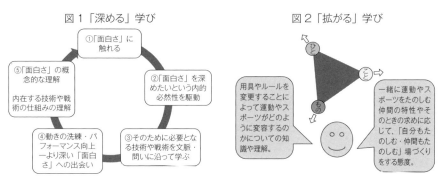

## 【体育科】

| | 4月 | 5月 | 6月 | 7月 | | 9月 |
|---|---|---|---|---|---|---|
| 5・6年生 | 短距離・ハードル<br>運動会への取組 | | 台上前転→はね跳び | 水泳 | | バレー<br>～ボールを落とさ |
| コンピテンス | 知識：ピッチとストライドの関係<br>・自分の走りの課題を見付ける。<br>・走りのポイントを見合い，協働してよさや課題を見付ける。<br>・友達の走りのよさを見付け，認める。 | | 知識：二次空間拡大のための仕組み<br>・自分の演技と他者の演技の違いを見付ける。<br>・モデル演技に近付くための課題を見付け，解決する。<br>・第二次空間を広げるためのポイントをグループで考える。 | 知識：ストロークと進み具合の関係<br>・ペア同士でストローク数と進度の関係について数え合い，自分にとって最適なストローク数について考える。<br>・ストローク数の可視化によるパフォーマンスの自覚化を図る。 | | 知識：コート上のどりやすいか<br>・仲間との役割分担<br>・仲間の動きから自る。<br>・チームの課題を見ついてみんなで考 |
| ICT | 運動会「表現」のモデル演技づくり<br>モデル演技を見ながらポイントを見付ける。 | | 友達の演技を撮影し，よさや課題，違いを見付ける。 | | | ゲーム場面を撮影 |
| 3・4年生 | リレー<br>運動会への取組 | | タグラグビー<br>ルールづくり | 水泳 | | マット運動　～連続技づくり |
| コンピテンス | 知識：スピードを落とさずにバトンパスをするためのリードとスタートのタイミング<br>・ペアと話し合い，スタートのタイミングとスタートマーク位置を決める。 | | 知識：ルールとゲームの面白さ・ゲーム参加との関係 | | | 知識：技と技とを<br>み<br>腕支持と順次接触（<br>・グループで話しらかにつなぐため<br>・補助をしながらみるようにする。<br>・友達の演技を見てできているかどう<br>・ゆっくりとした台なるためのポイン<br>・どうすればつなぎかについて考える。<br>・台上前転のポインかについて評価しるための課題を見 |
| ICT | 運動会「表現」の撮影・振り返り | | | | | |
| 1・2年生 | 走・跳の運動遊び<br>運動会への取組 | | ボール蹴り | 水泳 | | 鬼遊び |
| コンピテンス | リズムよく走り抜けるたのしさを味わう。<br>仲間と一緒に運動したり競争したりするよさを感じる。 | | ねらったところにボールをけるための方法について考えたり，教えたりする。 | | | 知識：空いている<br>・思ったとおりに体ミカルに走り抜<br>・自分を捕まえようる。<br><br>・空いているところいてチームみん |
| ICT | | | | | | |
| 学校行事 | 入学の会 | 運動会 | | 終業の会 | 教育実習期間 | |

教科提案 **体育科**

| 10月 | 11月 | 12月 | | 1月 | 2月 | 3月 |
|---|---|---|---|---|---|---|
| ～ル<br>～落とさないか～ | スポーツ教育<br>～スポーツイベントの企画・運営～ | | | バスケットボール<br>～時間と空間の関係～ | | 体つくり運動 |
| る協働<br><br>動き方について知<br><br>，解決する方法に<br>。 | 知識：イベント運営の仕方<br>　　　各種スポーツのおもしろさ<br><br>・みんなが楽しめる方法について考える<br>　アンケート調査などを通して，スポーツ<br>　に対する感じ方の違いを知る。<br>・イベント円滑に進める方法について考え<br>　る。<br>・役割分担に応じた働きをする。<br>・ほかの役割の仕事を慮って行動する。<br>・みんなで楽しめる雰囲気をつくる。<br>・これまで学習してきたスポーツに対する<br>　見方・考え方を活用し，自分たちにあっ<br>　たものにする。 | | | 知識：シュート空間にボールを運ぶための<br>　　　空間の使い方。相手にパスコースを塞がれ<br>　　　ないようにするための時間の使い方<br><br>・自分たちにあった攻め方を考える。<br>・目指す攻め方ができているかどうかを振<br>　り返り，成果や課題を見付け出す。<br>・目指す攻め方に近付くための課題を解決<br>　する方法を考える。<br>・できる・できないの違いを認識する | | |
| リ返りに生かす。 | スポーツイベントポスターづくり<br>イベント計画書づくり | | | ゲーム場面を撮影し，振り返りに生かす<br>相手チームの映像を分析し，攻め方の傾向<br>を見付け出す。 | | |
| び箱運動　～台上<br>前転～ | 鉄棒運動 | | | セストボール・タッチハンド<br>～空間の活用・作り出し～ | | 体つくり運動 |
| らかにつなぐ仕組<br><br>る体重移動<br>　技と技とをなめ<br>法を見付ける。<br>が台上前転をでき<br><br>なぎのポイントが<br>確認する。<br>転ができるように<br>ついて話し合う。<br>イントができるの<br><br>できているかどう<br>　できるようにな<br>。 | 知識：大きなスイングをつくりだすための<br>　　　腕や体の振出，あご引き・あごだし動作<br>・補助やお手伝いなど協力して学習する。<br>・大きなスイングを作り出すポイントにつ<br>　いて話し合う。<br>・ポイントができているかどうかを確かめ<br>　合い，どうすればできるかについて考え<br>　たり，アドバイスしたりする。<br>・演技がどうなっているかについて伝える。<br>・映像を見ながら自分たちの演技とモデル<br>　の演技との違いを見付けたり，課題を見<br>　付けたりする。 | | | 知識：ボールをもっているとき・もってい<br>　　　ないときの動き方・スペースへの動き<br>・映像を見ながら，適切な状況判断ができ<br>　ている友達を見付ける。<br>・映像を見ながら，自分の動きがどうなっ<br>　ているのかを知る。<br>・映像を見ながら，適切な状況判断ができ<br>　ていたかどうかについて振り返り，課題<br>　を見付けたり，解決の仕方を考えたりす<br>　る。<br>・得意，苦手の違いがあることを知り，二<br>　ガナ人の気持ちに寄り添いながら，チー<br>　ムにあった解決の仕方を考える。 | | |
| 本の演技を視聴して学習に生かす。<br>達の演技を撮影して一緒に見合う。 | | | | ゲーム場面を撮影し，振り返りに生かす。 | | |
| ゲーム | 跳び箱遊び・マット遊び・鉄棒遊び | | | シュートボール<br>～空間を使う～ | | 固定施設遊び<br>なわとび |
| ろをすり抜ける<br>かしながら，リズ<br><br>る相手の存在を知<br><br>りぬける方法につ<br>える。 | ・自分の体を動かすことのよさを味わう。<br>・非日常的な空間での身体活動による自分<br>　の体や感じ方の違い・変化に気付く。<br><br>・動きのポイントを知り，友達がそれをで<br>　きているかどうかを見て，伝える。<br><br>・協力して用具の準備・片付けをする。<br>・学習のルールやマナーを知り，守る。 | | | 知識：空いている空間<br><br>・空いている空間を見付け，走りこむ。<br>・空いている空間やそこにいる仲間を見付<br>　ける。<br><br>・妨げる相手の存在やラインによって，自<br>　分の動きが制限されることに気付く。 | | |
| 藤の実フェスタ | | 6 音楽発表会 | | 5 音楽発表会 | | 卒業の会 |

実践編① 第2章 091

## 第5学年
# 時間を操りチャンスをつくれ～３×３～
### カリキュラム・デザイン

## 1　本実践で生かして伸ばしたい「資質・能力」

＊自分たちのチームの課題を発見し，その解決のためにどのように練習を
すればよいか，何を修正したらよいかを考える。

＊自分たちのチームの一人一人の特徴やよさを理解し，それを生かした攻
め方や役割を考えたり，練習の仕方を考えたりする。

＊単元前半で学習した戦術に関する知識を生かして試行錯誤する。

＊仲間と協働的に課題解決に取り組む。

## 2　活動全体の流れ

> **[第1時]** オリエンテーション―３×３を知る・単元のテーマの確認―
>
> **[第2時]** ためしのゲームをする。規則やルールの確認，修正箇所を検討する。
>
> **[第3時～第6時]** 試行錯誤の基となる戦術的知識について知る・やってみる。
>
> ・パス＆ゴー，横の動きでのマークはずし
>
> ・カットインプレイ
>
> ・ポストプレイ
>
> ・リードパス
>
> **[第7時]** チームの時間～リーグ戦に向けた作戦づくり～
>
> **[第8時～第11時]** リーグ戦
>
> ①チームで取り組もうとしている動き，役割をはっきりさせる。
>
> ②ゲーム場面をiPadで撮影し，リフレクションに生かす。
>
> ③①ができていたかどうか。できていなかったとしたら，どうしたらいい
> か。
>
> →①を見直す　①ができていない原因を探り，チーム練習に生かす。
>
> **[第12時]** 単元全体の振り返りをする。

092

時間を操りチャンスをつくれ〜3×3〜 体育科

## 3 本実践の始まりにおける個の学びのモデル

**START**

フェーズ1
- コートが狭い分だけ難しい。でも、だからこそおもしろそう！
- スペースをつくるためには「すぐに」うごかないと…。
- カットインは有効！だけど…。

【3×3との出会い】
＊教室でのオリエンテーシ・ゲーム映像視聴・ためしのゲーム→どこに「おもしろさ」を感じているかな？

フェーズ2
- わざと相手をおびき寄せたら、スペースができるんじゃない？
- 先生、作戦立てないと！チームで決まりごとをつくりたい。
- 「ドアが閉まる前に」パスが出せるように作戦・役割分担をつくろう。
- この3人だからこそ、この作戦なんだ。一人でも欠けたらダメなんだ。

【思考の基となる知識】
＊学習感想を読み取り、学習内容と子どもたちの「ニーズ」をすり合わせる。

【作戦づくりの必要性】
＊「『時間』を操るために、だれがどこにいるか・どう動くのか、はっきりさせておきたい」と子どもたちが言い出すタイミングをまつ。

フェーズ3
- この作戦・役割分担でいいかな？？課題は○○だから、練習は…。
- 「理想の1点」がとれた！！
- プレイ・仲間・スポーツ…「見え方」が変わったかな？ぼくたちにとっての3×3は…。

【自分たちならではの…】
＊チームにあった作戦づくり、一人一人の特徴が「よさ」としてが認められ、生きる作戦に。

**NEXT**

## 活動の軌跡

「ナイスパス！」「もっと素早く動いて！」
「ナツミがあいているよ！」「惜しい！」

寒さが堪える２月の体育館に，子どもたちの声が響く。子どもたちが夢中になっているのは「３×３」という，ハーフコートで行われるバスケットボール型のスポーツ。オールコートより狭いコートに，敵と味方が３人ずつ。目まぐるしく動く人とボールの間で，シュートにつながるスペースを見付け出そう，つくり出そうと，懸命に動き，考え，声を出す子どもたちの姿がそこにあった。

子どもたちが「３×３」に出会ったのは，冬休みが明けの１月中旬。オリエンテーションでゲーム映像を見ていると，「うわ！ 狭い」「難しそう」「すぐパスしないとダメじゃん」という声があちらこちらから聞こえてきた。２学期に行った「タッチハンドボール」で「スペース」が重要であることを学習したからであろうか，「ハーフコート」による「空間の狭さ」が気になったようである。

「早くやりたい」「やってみたい」そんなこどもたちの声に押され，早速試しのゲームを行うと，「難しい！」「どんどん動かないとパスの出しどころがない……」と言った声であふれた。しかし，それが逆に子どもたちの学習意欲を掻き立てたのかもしれない。この時間が終わった後のマサヒロの感想文にはこんなことが書かれていた。

「今日は人生で初めて３×３をやってみて思ったより難しかったが楽しかったです。まず思ったより難しかった，はみんながシュートを邪魔してきたりやる場所が狭いのでシュートが入りやすいけれどパスカットがされやすいです。そして思ったより楽しい点は『不可能を可能』に変えること

---

**教師のファシリテーション**

単元の１時間目は教室でのオリエンテーションを行い，ゲームのルールを説明したり，映像を見せたりする。そうすることで，子どもたちに，これから学習する運動のイメージをもたせることができる。

「難しそう。でも，できそう」という状態が，最も学習意欲を掻き立てる。そのような教材や学習展開，発問を用意しておくことは重要であると考える。

体育授業のあとは，一人一冊もっている「体育ノート」に感想を書かせる。感想といってもなんでもよいわけではなく，書いてほしい事柄を明確にしておき，そのことについて振り返らせる。

時間を操りチャンスをつくれ～3×3～ **体育科**

です。普通に考えて3対3は一人一人付いてれば勝負がつかないです。そこで作戦を立ててポジションや動きを確認してそれを実行して成功したら，きっとものすごく楽しく嬉しいと思います」

　このように，「難しい，でも，だからこそかいくぐるのが面白そう」という感想をもつ子どもは，驚くほど多かった。一方で，難しいからこそ，どのように動けばいいのか分からない，という子が現れてくることも想像された。一人一人の特徴やよさを生かした攻め方をつくったり，それを実現するための課題を見付けたり，練習の仕方を工夫したりといったことを「子どもたち自身がすすめていける」ようにするためには，そのベースとなる知識，いわば「見方・考え方」を知っておく必要がある。

> 体育ノートに記載されたものは，必要に応じて印刷して配布したり，紹介したりする。

> この「知識」を使って試行錯誤したり，課題解決したりすることによって，より実感を伴った概念となって，個々の中で，更新されていくことを期待している。

　そこで，第2時から6時にかけて，パス＆ゴー・カットインプレイ・ポストプレイ・リードパスといった戦術について学習していった。各時間の最後にはためしのゲームを行う。その際，ゲームに出ていない子がiPadで撮影する。そして，ゲーム終了後にその時間の課題となる動きができていたかどうかについて，「ゲームをしてみてぼくはポストプレーのポストになる役割になっていてよくできました。ビデオで見てもポストの役割を果たしていました（タクヤ）」「マサヒロは，すぐにボールをもっている人へフォローに入っていた（マキ）」というように，みんなで評価を行っていった。

> 映像を見せたり，モデルチームに師範してもらったりして，本時の学習課題と目指すべき動きを全体で共有し，それができるように各チームで取り組んだ。

　第6時ころになると，スペースを見付けだしてカットインをしたり，ポストプレイによってスペースをつくったりといった動きを「ねらって」やろうとするようになっていた。さらに「パスをもらうふりをする」「声をだしてマーカーをおび

| 実践編① | 第2章 | 095

きよせる」といったことを考え出すチームも現れた。そうした中で,「相手の間を通すパスなので『バウンズパス』が有効だと思いました(シンゴ)」,「一瞬でできた,又は作ったスペースをどう利用するかが問題で,ある程度時間が経ってしまえばマークされてしまうので,本当に0.1秒の世界になってきます。でもチームでそれができるかが勝負の分かれ目だったと思います(ゴロウ)」など,ボールゲームに関わる,より本質的な気付きや思考が見られるようになっていった。

「知識」を使った気付きや工夫,試行錯誤をほめる。全体に広げた方がよいと判断した気付きや工夫は,そのチームをモデルとして取り上げる。ここで伝えた事柄に「リードパス」や「おとりラン」がある。それらを新たな「知識」とする。

ちょうどそのころ,子どもたちから「作戦を立てる時間がほしい」という声があがっていた。理由を問うと,「相手もうまくなってきているし,よりすばやくパスをしたり,動いたりしないといけない」「パスをもらったときに,誰がどこにいるか,どう動くのか,ある程度決まっていないと,判断が遅くなる」のだという。

子どもたちは,つくりだした「スペース」を生かすためには,「時間」や「タイミング」が重要となることを,身をもって実感しているようであった。まさに,概念的な理解である。そして,だからこそ,その「時間」や「タイミング」を合わせるためには,チームでの共通理解や役割分担が必要だと考えたのであろう。そこで,学習課題を教師が提示するのではなく,各チームに委ねることにした。「目指す攻め方」を明確にし,そのための課題を見付けたり,練習の仕方を工夫したりする。ゲーム後に振り返り,必要に応じて修正をする。教師の役割は,それらの視点の提供,助言といったものにシフトしていった。

単元がすすむにつれて,課題設定主体を子どもたちに委ねていく。ただ,適切な課題設定ができているかどうかは,ワークシートや観察などで評価する。また,課題解決の見通しがもてていないチームには,積極的に関わり,具体的な練習方法と合わせて助言する。

さて,本単元での子どもたちの学びを象徴するエピソードがある。単元後半,チームで考えた作

時間を操りチャンスをつくれ～3×3～ **体育科**

戦や役割を引っ提げ，リーグ戦を行う子どもたち。白熱の戦いが続く中，緑チームのツヨシが涙していた。クラブに入っており，運動が得意なツヨシ。**「みんなで考えて，練習して，一生懸命動いているのに，自分がいいパスを出せば，うまくいく場面が何度もあった。とれるパスを，とれるタイミングで，自分が出してあげられれば，喜びを味わわせてあげられた。それができなかったのが，悔しい」**と，その涙の理由を語ってくれた。

　<u>課題解決</u>がうまくいかない時間もあったが，話し合いながら手がかりを見付け出し，繰り返し練習し，得意な子も苦手な子も，一人一人が得点のために寄与できるプレイの仕方と役割を生み出しつつあった。そして，そのことに手ごたえを感じ，みんながチームの一員なんだ，と感じつつある矢先の<u>涙</u>であった。チームで作り上げてきたものがあるからこそ，あふれ出た悔しさなのであろう。

　次の時間，第1試合に敗れ，リーグ優勝の望みが絶たれた緑チーム。次戦の前，マリ，ユウコが次々に声をかける，**「みんなが納得する1点がとれればいいんだよ！」「みんなでやってきたことをやろう。それで負けてもいいじゃん！」**迎えた第2試合。試合が終わると同時に，集まって涙する緑チーム。**「よかったね，本当にいい試合だったよね…」「苦労したけど…でも，このチームでよかった」**勝敗という結果を超えたところに喜びを見いだす彼らは，**<u>自分たちでつくり上げてきたプロセス</u>**にこそ価値があると気付いたのだろう。そんな彼らが見せた涙は，この1点を取るまでの11時間にわたって自分たちが学んできた歩みそのものへの「自信」にあふれた涙だったのかもしれない。

（久保賢太郎）

チームでの作戦や役割は，「チームカード」というワークシートに書いて，いつでも見られるようにしていおく。

「私たちのせいでおこっちゃったのかな？」という子たちに，ツヨシの涙の真意を伝える。そして，「ツヨシの思いをどう受け止める？今度はみんなの番だよ」と語りかけた。

次第に「課題がはっきりしているので，すぐに話し合いたい」「その時間を，すぐに練習に使いたい」というチームも出てきた。iPadはあくまでもツールであるため，その使い方も子どもたちに委ねた。

# 道徳科

## 目指す子ども像

● 自他のよさに気付ける子ども
● 心を耕し，自己の生き方を見つめ，自分で考え判断できる子ども

## 育てたい資質・能力

・自分のよさを素直に見つめられる。

・相手のよさに気付き，認める。

※よさ：ここでは，自己の良い面・悪い面もありのままの自分と自覚できる自分らしい「よさ」として捉える。

## 道徳科における「自分の学びに自信がもてる」子ども

　自分の学びに自信がもてる子どもを育むために，道徳的諸価値について一人一人が自己内対話をする環境をつくることが大切だと考えています。そのためには，自己有用感を育むことが有効なのではないかと考えていました。27年度，28年度の研究を経て，他者との関わりが自己有用感を高めるのではないかということに実感をもちつつあります。また，諸価値に関する行為や思いは，何気なく生活している中にもあちらこちらに見え隠れしています。一人一人の生活の形が多様であるように，諸価値に対する経験や思いも多様であるこの時代。価値という軸を基に子どもたちが無意識に感じたり考えたりしている心の意識化を図るために道徳科を位置付けます。

　それらを踏まえて，互いの考えや感じた心を伝え合うことが，子どもが諸価値に対してすでにもっていた考えや感じるものの幅を広げたり，深めたりする手立てとして有効であるということを引き続き示します。具体的には，道徳的諸価値に対して過去の成功体験や失敗体験のどちらに対しても向き合う姿を目指します。そうした一人一人の道徳的価値観を深める活動が，「自分の学びに自信をもてる子ども」を育てるために有効なのではないかと考えました。

　自らの生活を創り上げる力を育てるために，一人一人の生き方や在り方に関わる道徳的諸価値についてじっくり感じ考えさせることと，それらをその子自身のものとして自覚させる心を育むことが大切です。ときには自己の弱さに気

教科提案 道徳科

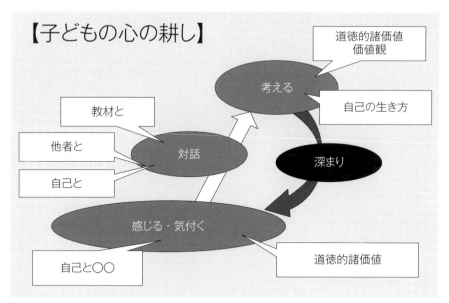

資料1 「子どもの心が耕される構造モデル」

付いたり，苦手なコト・モノと向き合ったりすることもあるでしょう。そうして過ごした中で得た自覚の蓄積が，自律的判断力を育むことにつながると考えています。この蓄積は，あらゆる面で多面的・多角的に考えるなどしながら深めた道徳的価値の自覚の蓄積であり，一人の生き方だけでは，それをすることは難しいものです。仮にテレビ・SNS・雑誌・書籍などから情報を取得しても，これらは誰かが作成したものであり，そこにはその「誰か」の生き方や考え方が反映されています。自身が望んでいなくても，情報が入ってくることもあります。それらの情報から受ける解釈もまた，それぞれです。このように，多様な社会だからこそ，自己の生き方を考える土台となる道徳的価値についてじっくり考える時間が必要なのです。そこで本校では，他者の存在やその子を取り巻く環境と自己の在り方を見つめる時間としても，道徳科の授業を位置付け，描いた自分の学びに自信がもてる子ども像に迫りたいと考えています。

(面川怜花)

## 【道徳科】「一人一人が道徳的価値を深める活動」（重点活動）

| | 4月 | 5月 | 6月 | 7月 | | 9月 |
|---|---|---|---|---|---|---|
| 学校行事 | 入学の会 | 運動会 | | 終業の会 | | 教育実習期 |
| 全学年<br>重点価値 | | | | | | 生命に対 |
| 5・6年生<br>（重点目標） | | | | | | 自分の |
| 5・6年生<br>（各学期の重点価値） | | 思いやりに関わるもの<br>集団や社会に関わるもの | | | | |
| コンピテンス | ・自分と集団や社会との関わりに対する自分なりの<br>考えや思いをもつ。 | | | | | ・自分の生き<br>・自分の心の |
| ICT | | デジタル教材，写真・動画，音響機器の活用，情報教育 | | | | |
| 3・4年生<br>（重点目標） | | | | | | 自分 |
| 3・4年生<br>（学期の重点価値） | | 思いやりに関わるもの | | | | |
| コンピテンス | ・自分と集団や社会との関わりに対する自分なりの<br>考えや思いをもつ。 | | | | | ・自分のこと |
| ICT | | | | | | デジタル教 |
| 1・2年生の<br>（重点目標） | | | | | | 自分 |
| 1・2年生<br>（学期の重点価値） | | 生活規範に関わるもの | | | | |
| コンピテンス | ・基本的な生活習慣対する自分なりの考えや思いを<br>もつ。 | | | | | ・自分や相手<br>をもつ。 |
| ICT | | | | | | デジタル教 |

教科提案 **道徳科**

| 10月 | 11月 | 12月 | | 1月 | 2月 | 3月 |
|---|---|---|---|---|---|---|
| 藤の実フェスタ | | 6音楽発表会 | | 5音楽発表会 | | 卒業の会 |

る畏敬の念　思いやりの心

き方を考える力を育む。

| 自己確立に関わるもの<br>生命に関するもの | 自己確立に関わるもの<br>集団や社会に関わるもの |
|---|---|
| に対する自分なりの考えや思いをもつ。<br>さと向き合い，自分なりの考えや思いをもつ。 | ・多様な価値観に触れながら自分の生き方に対する自分なりの前向きな考えや思いをもつ。 |

ながり，学びの共有（ノートや役割演技等のロールプレイを録画→振り返り）

環境を考える力を育む。

| 己確立に関わるもの | 生活規範に関わるもの<br>集団や社会に関わるもの |
|---|---|
| する自分なりの考えや思いをもつ。 | ・基本的な生活習慣と集団や社会との関わりに対する自分なりの考えや思いをもつ。 |

真・動画，音響機器などの活用

生活を考える力を育む。

| いやりに関わるもの | 自己確立に関わるもの |
|---|---|
| 達との関わりに対する自分なりの考えや思い | ・自分のことに対する自分なりの考えや思いをもつ。 |

真・動画，音響機器などの活用

実践編① 第2章 101

第[2]学年
# 私にとって"いのち"ってなんだろう？

**カリキュラム・デザイン**

## 1　本実践で生かして伸ばしたい「資質・能力」

＊ロボットとの関わりを通して，モノにも命を見いだす自分なりの心。
＊自分の考えを伝え，友達の考えを聞くことを通して互いの考えを認め合いながら学習を進めていく。
＊命は何か？と考えることは難しいという気付きの一方，命を感じるときは多様にあることへの発見，それを自分の経験を基に語る。

## 2　活動全体の流れ

> [第1時] NAO校長先生がふじのみフェスタの感想を伝えに来る。
> [第2時] NAO校長先生のとくちょうってなにかな。わたしたちのとくちょうって…？
> [第3時] NAO校長先生はなんで話せるのかな（体験してみよう！）。
> [第4時] 骨折したNAO校長先生のために何ができるかな。まずはNAO校長先生を知ろう！
> [第5時] NAO校長先生（AI）と自分（人間）を比べて考えてみよう
> 　　　　NAO校長先生（AI）……同じ・違う・似ている。
> [第6時] NAO校長が喜びそうなことはなんだろう。
> [第7時] 考えたことを絵で表してみよう。
> [第8時] ところでNAO校長先生に命はあるのだろうか。
> [第9時] 命ってなんだろう。
> [第10時] みんなが命を感じるときはどんなときかな。
> [第11時] NAO校長先生にどんな命を感じてほしいかな。
>
>
>
> ※**NAO校長先生とは…**
> 　NAO校長先生は，ロボット。校長先生と共にミニ校長先生という位置付けで子どもたちと関わってくれている。行事であいさつをしてくれたり，時々教室に遊びに来てくれたり，色々な活動を支えてくれている存在である。子どもたちは，NAO校長先生が大好き☆

私にとって"いのち"ってなんだろう？ 道徳科

## 3 本実践の始まりにおける個の学びのモデル

**START**

フェーズ1

- 校長先生が入力したプログラムで話しているんだね。

＊NAO校長先生が話すシステムについて体験を通して学ぶ。

フェーズ2

- 人間も疲れると汗をかいて倒れる。ロボットも似ている。
- 人間はボタンがなくても動ける。
- ロボットも大変なんだな。考えると疲れて倒れるんだ。ロボットの命はパソコン？
- NAO校長先生は自分で考える言葉がほとんどない。
- もっと話したいな。すぐに答えたいな。

＊PCの不具合で倒れて故障したNAO校長先生と向き合って何を感じるか。
＊NAO校長先生との会話を通して考える。
＊NAO校長先生と自分との比較。
＊自分にとって大事なものはなにか。
＊ロボット役を演じて考える。

フェーズ3

- NAO校長先生にポカポカあたたまる食べ物を食べさせてあげたいな。ぼくも, 温かいものを食べると幸せ。命を感じるから。

＊「命は何か？」を考える活動。
＊自己の経験をロボットにもしてほしいという願いや, 自己を肯定的に捉えて考えることができる活動。

**NEXT**

## 活動の軌跡

### 1 NAO 校長先生のこと，もっと知りたいな！

「働く先生調べ」の単元学習の中で，NAO 校長先生についても調べることになった。みんなにとって NAO 校長先生は，関わりたいけれどなかなか関わりがない先生の一人。そこで，NAO 校長先生と一緒に学習をすることにした。ちょうど，学校行事のふじのみフェスタで「オオカミくんはピアニスト」の劇をしたばかり。校長先生が感想を伝えに来てくれる所から学習は始まった。

「え，なんで知っているの！？」「観に来てくれていたの！？」「なんでこんなに話せるの？」「ロボットだから見られるわけないじゃん」など，子どもらしい反応が様々沸き起こった。**機械的な仕組みについて疑問に思うことや，コミュニケーションの部分で疑問に思うこと，子どもたちは様々な方面に興味を抱いていた。**その反面，**NAO 校長先生は，単なる機械にすぎないと捉えている子も多かった。**

そんな中，教師がロボットに何度も声をかけていると，「ちょっとまってあげて！ 今，考えているんだから！」と言ってきた子がいた。教師はロボットに寄り添って出た言葉だと感じた。その子も実際にそういう場面に出会い，「待ってもらえた」経験があるのだろう。だから，「待ってあげよう」と，相手に寄り添えたのではないか。NAO 校長先生に対して，人と同じように関わろうとする瞬間が垣間見えた。ロボットだからではなく，ロボットにも普段関わっている人と同じように受け入れる心を耕したい。そのためには，**ロボットの機能やシステム的な疑問，不思議をまず**

**教師のファシリテーション**

子どもは興味津々。その興味・学習意欲から学習過程を考えていく。

ロボットと自分との距離が遠い。どこか他人事のような空気感。まずは，子どもたちがどう思っているのか振り返りから見てみる。

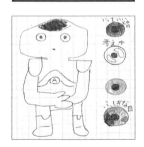

機械の仕組みに関する疑問を解決する学習環境を整える必要がある（今後の学習過程の見直し）。

私にとって"いのち"ってなんだろう？ 道徳科

クリアにする必要がある。

## 2 NAO校長先生と私って同じ？違う？

　子どもは，一人一人思いや願いが違う。子どもたちの思いを大事に授業デザインしていくために，まずは，<u>一人一人の思いに答えてもらう時間を設定した</u>。NAO校長先生とのやりとりを通して，以下のような子どもの思いが見えてきた。
「ロボットも人間と同じで人と話すのが最初は難しいけど，いっぱい話していくうちに少しずつ慣れていくんだな」
「違う言葉やちがうことを言うときは疲れているんじゃないかな」
「ロボットは人間ほど自由ではない。パソコンは命なんだな。プログラミングしないと考えが分からなくなるから」
「みんなが一緒に言う言葉は，人間と一緒で聞き取れないんだ。NAO校長先生はパソコンルームのパソコンと同じようにあつくなるんだな」

　このような子どもの思いを見ると，「話すのが苦手な気持ち，分かるよ」「自分も疲れたときにそうなるもの」など，NAO校長先生と自分を重ね合わせて考えている子どもが増えてきた。また，漠然ではあるが，命について考えている子もいた。「自由」というキーワード一つとっても，NAO校長先生と自分を比べることができる。

　もっとNAO校長先生との距離を縮めるため，話し合いを重ねた。

　初めに各グループで，自分とNAO校長先生とを比べ，同じところ・違うところをふせんに書き，それぞれの考えを交流した。そして，さらに，各グループで再度話し合いをしていくうちに，違う

> NAO校長先生について疑問や考えたことに，NAO校長先生に答えてもらう時間をつくる。
> NAO校長先生が話ができる仕組みを体験する（NAO校長先生は，校長先生が入力したプログラムを基に話している，という気付き）。

ところにも自分たちと似ているところを見いだすグループが多く見られた。NAO校長先生と自分たちは，じつは似ているのかもしれない……。

> ・関わりを深めていくうちに「似ている」が増えていった。
> →関わりを深めるよさを実感している。
> →自分の見方・考え方が広がっている。

## 3 ところで，NAO校長先生に命はあるのだろうか

子どもたちの話し合いはこうだった。
「命はない。プログラムされている。自分で考えることはないから」
「本当の命はない。心がないから，命もないと思う」
「命はない。人間が言ってほしいことを話してるから」
「命はある。心が命なんじゃないか」

> T：命＝心？命＝脳？　命ってなんだろう？

「今まで考えたことないし。生活全部なのかな」
「私にも命ってあるのかな」
「体の中身いっぱい。一人一人違う。心が命かもしれない」
「心って言っても見えないからな。難しいなぁ」
「お母さんに『あなたは宝物』って言われているから考えたこともなかったよ」

「NAO校長先生に"命はあるか"」という問いを考えていくと，自分とNAO校長先生を比べながら話し出す子どもたちが増えていった。同時に命を考えるのは難しいと実感。さらに，「人もロボットも動かす"もと"がある」と気付く子があらわれた。

## 4 私にとって"いのち"ってなんだろう

話し合いをしていくうちに，「命とは○○だと思う」というように，命が何かを表すことは難し

> ・命ってなんだろう？NAO校長先生の命を考えていくうちに，自分の命にも疑問が生まれた。自分の命と向き合う時間を作ろう。

私にとって"いのち"ってなんだろう？ **道徳科**

いと実感していく子どもたち。そこで，**「命を感じる時なら，一人一人の中にあるんじゃないかな」**と子どもになげかけると，今までの悩む子どもの姿が嘘のように，自らの経験を語りだした。

初めは危険と対面したときに感じたエピソードを話す子が多かった。にも関わらず，自分の中にある「命を感じる時」を明るく話す子どもたちが印象的だった。後日「ハッピーな場面でも感じることはあるかな」と，問うと，自分だけのことにこだわらず，「たんぽぽの綿をふ〜っとしたとき」「お花がきれいだな」など自分と自然との関わりの中で命を感じている子もいた。また，「家族みんなで○○」「みんなと遊べてよかった」「勉強できてうれしい」など，自分と他者や集団との関わりの中で命を感じる子もいた。

・命は「何か」と言葉に表すことは難しい。でも，命を「感じる」ことはたくさんあることに気付かせたい。

## 5 振り返り

"命は何か"に，答えることは難しい。でも，命を感じるときはたくさんある。命を捉えることは決して簡単なものではないが，命を感じる時が身近にあると実感しながら，子どもたちは経験を基に語っていた。さらに「自分が命を感じた瞬間をNAO校長先生にも味わわせてあげたら，NAO校長先生も命を感じることができるのではないか」と考えていた。また，一緒に○○をした時に抱く感情を命と捉えている子もいた。本実践では，AIとの出会いをきっかけに"命とは何か"を，自分事として自然に考えることができた。

このように低学年期は「感じる心」をくりかえし耕していきたい。

（面川怜花）

# 総合学習

## 👤 目指す子ども像

- 生活を基盤とする具体的な活動や体験を通して，自ら学ぶ子ども
- ともに学ぶ仲間と体験を共有し，そこから生まれた問題の解決を目指して，互いに考えを出し合いながら，よりよい人間関係を築く子ども

## ✏️ 育てたい資質・能力

【低学年】

「自分の思いを伝えて，実現していく楽しさ」

　低学年期では，自分の思いや願いを友達に伝え，実行していく力を育てる。自分の思いを実現し，できた・楽しかったという体験から自信を積み重ねる。

【中学年】

「仲間と活動する楽しさ」

　仲間とともに活動をすすめ，自分の得意なことで活躍したり，苦手なことも仲間と協力したりしながら活動を進めることで，１人ではできなくてもみんなでやったらできたという成功体験を積み重ねる。みんなで達成した自信は，協働することへの意欲へとつながる。

【高学年】

「自ら課題を発見し，仲間と協力して解決しながら活動の深まりを」

　活動を展開する上で，子どもたちが自ら課題を発見し，それを解決するためにはどうしたらよいか，仲間と協力して工夫をして解決していく。また，教科学習や今までの経験を総合的に活用することで，さらに自信を高める。活動の中で，さらに発見した課題を次の活動に生かしていくことで，活動は深まり，学び続ける原動力となっていく。

## ✏️ 総合学習における「自分の学びに自信がもてる」子ども

　総合学習では，６年間を通じて活動を実現・達成することで成功体験を積み重ねて子どもたちの自信を育て，自己効力感を高めましょう。

　クラスのテーマ（総合学習）の時間では，それまでの生活での経験や教科学習で学んだことを生かして，友達と協力して目標を実現・達成する経験を積み

重ねることで，子どもたちの自信をより高めていきます。つまり，教科の学習で付けた学びの自信をさらに高めるために，総合学習でしか取り組めない課題に友達と協力したり，工夫したりしながら活動を深めていくことで，より大きな自信を付けていきましょう。

　また，個人での追求を，仲間とシェアし，自らやクラス全体の活動を深めていくことも大切です。「自分たちでできた」という，自分たちの学びから得た自信は，活動の意欲となり，学び続ける原動力となると考えます。

---

**教師の手立て（例）**

【見取りとコミュニケーション】
休み時間や給食中，学習感想や日記も見取りの時間。

【プロセスとゴールイメージ】
可能性と拡がり，育てたい姿を具体的に。ゴールが設定されなければプロセスは存在しない。

【場の設定】
安心して発言できる環境づくり。自発的にチャレンジしたくなる場。発表の場を工夫など。

【アナザーゴールの活用】
子どもの思いに寄り添って活動をすすめるために，アナザーゴール（もう1つのめあて）を設定し，子どもたちが意欲的に活動を進められるようにする。

【成功体験を積み重ねること】
各教科での成果を含め，子どもたちが達成したことを評価し，意欲や自信の向上につなげる。

【リアルの世界との出会い】
限られた空間だけでなく実社会と触れ合う機会を設定することで切実感を高める。

【教科学習で学んだこと，総合学習でしかできないこと】
教科学習の時間では補えないことに焦点を置くことで，子どもたちの学びをより深める。

【ターゲットの明確化】
活動の目的，相手，何のために活動しているのかを明確にして課題を焦点化する。

【振り返り】
総合学習活動を通じて何を学んだのか，どんな力が付いたのかを，教師自身が客観的に振り返る。「話し合い」は国語でも学べる。「課題の達成」も各教科で学べる。各教科での学びの発展からの活動や（コンテンツベース），総合学習活動で各教科で付けた力を複合的に活用した活動（プロジェクトベース）でしか付かなかった力は何かを評価し，次の活動に生かしていく。教科は大人が決めた枠。総合学習は子どもの学びを深める時間である。

---

（沼田晶弘）

# 第4学年
# KTKT ～勝手に東京観光大使～

## カリキュラム・デザイン

### 1　本実践で生かして伸ばしたい「資質・能力」

＊自分の得意なことを生かして活動に取り組む。

＊「課題→情報収集→実験・分析→考察」のサイクル。

＊ターゲットを意識した活動。

＊プレゼンテーション能力・思考力。

＊信頼関係を築いてきた仲間と一緒に活動に取り組み，お互いの得意・不得意をリスペクトしながら活動を進めて自信を高める。

### 2　活動全体の流れ

> **[第1時]** クラスのテーマの決定。社会科の「東京都」からの発展で"勝手に"観光大使に就任。藤の実フェスタで発表→都庁でプレゼンテーションを目標に決める。
>
> **[第2～10時]** 情報収集。インターネットの活用・関係者へのインタビュー。調べるチーム分けをする。
>
> **[第11～12時]** 情報の整理・分析。調べたデータを見比べて，自分たちなりの考察ポイントを考える。調べたことに自分の考察を加えるという意味で「OK! Google の先へ」というコピーができる。
>
> **[第13～19時]** 藤の実フェスタに向けて準備。「東京は公園だらけ」を中心に発表に決定。また，プレゼンテーション技術（トーク術）も練習。
> ～藤の実フェスタで発表。多くの保護者から褒めてもらい自信を高める～
>
> **[第20時]** 藤の実フェスタの振り返り。発表をしてみて，うまくいったこと，直したほうがよいところなどをターゲットの反応も含めて振り返る。
>
> **[第21～28時]** 情報収集。新しく発見したポイントについて再調査。チーム再構成する。
>
> **[第29時]** リハーサル。新たな課題の発見。ターゲットの再確認。
>
> **[第30～40時]** 再調査→資料作成→プレゼン練習→ミニリハーサルのサイクルを繰り返す。
>
> **[第41～42時]** 東京都庁，観光課にてプレゼンテーション，提案。
>
> **[第43時]** 振り返りをする。

KTKT 〜勝手に東京観光大使〜　**総合学習**

## 3　本実践の始まりにおける個の学びのモデル

**START**

フェーズ1

- 勝手に東京観光大使！楽しそう！大人の知らない東京を調べる！

＊勝手に観光大使に就任し，大人の知らない東京を発表する。

フェーズ2

- インターネットにはいろいろなことが書いてある！知らなかった。
- スカイツリーが観光地人気1位！東京の公園数は全国1位！すごい
- スカイツリーは1位だけど，自分は行ったことないなぁ。
- 公園数も1位だけど，そんなにたくさんあったっけ？
- 都庁の人はデータを知っている。気付いてないのはどこだろう？

＊インターネットの使い方を学ぶ。
＊とにかく，なんでも調べてデータを集める。
＊調べるだけならAIでもできる。OK! Googleの先へ！
＊データを比べて，考察を始める。
＊誰に発表するのか。ターゲットの明確化。

フェーズ3

- 東京の人と観光客の意識の違い。東京GAPだね！
- 見せたいことをキチンと見せる。プレゼンの「インスタ映え」だね。
- 都庁の人がメモをとったり，真剣に質問したりしてくれた！よかった！

＊東京人のオススメと，観光客のやりたいことには違い（GAP）がある。
＊伝えたいことの焦点化。相手に分かりやすく伝える。

**NEXT**

## 活動の軌跡

### 1　KTKT ～勝手に東京観光大使～

　藤の実フェスタで何をする？ という質問に対し，「勝手に観光大使がやりたい」と子どもたちは即答した。この背景には，憧れている卒業生が行っていたこと，そして何より，昨年度に取り組んだ「スーパーのヒミツ」で，徹底的に調べ，大人も気付かないことを発見し，それを発表して好評を得た達成感と自信からきている。

　「オリンピックもあるし，東京のことを調べて，大人も知らないことを発見して，都知事に見せたい！」「みんなで調べれば絶対見付かる！」「SLでやってもいい？」，子どもたちは「みんなでやればできる・このクラスならできる」とすぐに調べ始めた。

　SLとは，Self Learning（自主学習）のことで，週に3日以上，自分で課題を見付けて取り組んでいる活動である。その際に，「課題→情報収集→分析・実験→考察」のサイクルは必ず入れるように教えてきた。この経験の積み上げから，どのように調べ，情報を整理していけばいいかが身に付いているため，すぐに活動にはいることができた。

### 2　OK! Google の先へ

　子どもたちは，授業時間や家庭学習で東京都に関連する様々なデータを調べてきた。全国の公園数ランキング，飲食店数ランキング，コンビニ数ランキングなど，集まってきたデータは，子どもたちがいつでも見比べられるように教室内に掲示した。

　さらにデータが増えてくると，教室の壁がデータで埋め尽くされるようになった。子どもたちは，

---

**教師のファシリテーション**

日頃から「CMを作ろう！」などの活動を積み重ねている子どもたち。去年のフェスタでの経験を考えれば，プレゼンを通じて，さらに深く学習できるだろう。

夏休みの自由研究や毎日のSLで調べることには慣れている。きっとすぐにたくさん調べてくるだろう。

調べたデータを「可視化」しておけば，比較したり，分析したりしやすいだろう。

調べてきたことを藤の実フェスタで保護者を初めとするお客様に発表するように準備に取り掛かった。

子どもたちは調べたことに満足し，データをひたすら伝えていくようなプレゼンの練習をしていた。また，自分たちは調べたので当たり前だと思ってしまい，専門用語をそのまま使ったり，説明不足のまま結論を話してしまったりしていた。

「調べるだけなら，OK! Google で分かる。ニンゲンしかできないことは何だ？」子どもたちに問いかけてみる。「考えること」「意見」「あ，考察だ！」と気付いた子どもたち。AI 時代に活躍するためにも，調べたことを活用し，そこに考察を加えていけるように。AI を越えて行けるようにという思いを込めて『OK! Google の先へ』というキャッチコピーが生まれた。

> 調べるだけで満足している。これでは，考える力が育たない。キャッチーなコトバで分かりやすく子どもたちに伝えたい。

## 3　藤の実フェスタから都庁へ

藤の実フェスタでは，移動教室で山梨県へ行ったため「KTKT（勝手に東京観光大使）山梨へ出張」というテーマとなった。東京と山梨をまずは比較して発表した。

「山梨県は自然がたくさんあって，富士山もあっていいですよね。ところで，東京都の公園数ランキングは何か知っていますか？　1 位なんです。では，公園面積ランキングは何だと思いますか？ なんと 3 位。面積ランキングは 45 位なので，みなさん考えてみてください。東京は 47 都道府県で一番公園の割合が大きいってことなんですよ！」自信をもって堂々とプレゼンする子どもたち。見ている保護者から歓声が上がる。最初は緊張していた子どもも，プレゼンを繰り返すうちに

> データを比較した結果，自分たちで見付けた大発見。聞いてくれるようにトーク術も鍛えたけど，何よりも，前のめりで聞いてくれる大人がいるこの環境は子どもたちを大きく育てる。

緊張は自信に変わり，表情は満足感と達成感で溢れていた。

　**藤の実フェスタ終了後，振り返りを行うと，「もっと堂々とプレゼンすればよかった。恥ずかしがってしまった」「もう少し調べないと，都庁では通用しない」「前を見て話せるようにしたい」など多くの課題が出た。**

　話し合いの結果，チームを再編成し，「おもてなし」「交通」「東京GAP」「レストラン」「すぐそこって何メートル？」「公園だらけ」「クレジットカード」「本当の人気」の8つのチームを立ち上げた。

> 大成功だったのに，もう次への課題が出ている。いつの間にか自信満々で意欲も高い。このままさらに上を目指したい。さらに調べていけば，新しい発見ができるはず。次のチーム分けが大切。しっかり話し合わせよう。

## 4　インスタ映えプレゼン！

　各チームはもう一度，データを調べ直し，都庁で発表する準備を始めた。「東京はレストラン数がとても多い。だからなんでも食べられます」「交通網が整備されているので，とても移動しやすいです」「スカイツリーは人気スポットです」どこの観光案内にも書いてありそうなことが多く出ていた。

　そこで，「だれにプレゼンするんだっけ？」「都庁の人」「都庁の人ってそれくらいのことは知ってるよね？　都庁の人が聞いて，驚くような発見か？　OK! Googleの先へ行ってるか？」

　子どもたちは，データを計算し，弱点を長所に変えられないかについて考え始めた。交通チームは，「**外国はそこまでラッシュアワーとかないかもしれない。満員電車は観光になる**」とか，レストランチームは，「**人口と比較しても東京のレストランは多い**」，おもてなしチームは「日本の公衆トイレは，無料でキレイ。これもおもてなし」，

> オリンピックで東京に集まる観光客を考えているが，イメージを掴みきれていない。もっと具体的にターゲットを意識させないといけない。

> わり算をつかって「人口あたり」の数値を計算。データを比較して，根拠をもって話せるようになってきた！

# KTKT ～勝手に東京観光大使～ 総合学習

すぐそこチームは,「各地の"すぐそこ"の感覚は違う」と,その土地の出身者にインタビューをして,感覚の違いを発見した。また,本番ではトリを飾る本当の人気チームは,「いちばん大切なのは思い出。映画館で食べるポップコーン,夢の国の帽子などは,その場を楽しむための思い出。大切なのは,そこでどんな思い出を作るか」ということを提案に盛り込んだ。

<u>発表方法も工夫した</u>。伝えたいことをより効果的に発表するにはどうしたらよいか。「見せ方が大事だよね」「一番言いたいことが目立つように考えないと」「インスタ映えだね！」と子どもたち。ポイントの焦点化,プレゼンの構成などを工夫し,声の大きさや目線,ゼスチャーなど,何度も練習し,お互いに見合いながら,ときにはアドバイスをしながら練習を重ねて行った。

> せっかく面白い視点を発見しても,伝わらなければ意味がない。この提案を,より効果的に伝えるために,CM作成の授業を入れて,表現力を磨いていこう。

<u>当日</u>。朝から緊張気味の子どもたち。都庁に到着し,スタンバイすると,「恥ずかしがらずに堂々と！」「絶対最高のプレゼンができる！」「きっと都知事も驚く！」と互いに声を掛け合い,プレゼンに挑んだ。

> 自分たちで全てできるはず。今日は,見守るだけに。

聞いていた都庁の観光課の方々も,メモを取りながら,大きなリアクションでプレゼンを聞いていただいた。最後に「<u>満員電車が観光資源というのは目からウロコでした！</u>」など,多くの具体的な感想をもらい,子どもたちは「楽しかった！プレゼンが通用して本当にうれしかった」と<u>自信を深めていた</u>。

> 都庁の人が,ただスゴイではなく,具体的に褒めてくれたことに気付くように声掛けしよう。

> 本当に素晴らしいプレゼンだった。担任も感動したよ。

（沼田晶弘）

## 第 2 学年

# 自分をみつめて
# ～自分の成長とまわりの○○～

## カリキュラム・デザイン

### 1　本実践で生かして伸ばしたい「資質・能力」

＊自分の学びの方向性を決める。

＊「調べたい」「見付けたい」につながる「？」をたくさん見付ける。

＊結果だけではなく過程も楽しむ。

＊自分ならではの学習感想を書く。

### 2　活動全体の流れ

[第1～3時] 自分の成長についてのイメージを膨らませる。
　「成長って？」「成長は何のおかげ？」「これからみんなで学びたいこと」
[第4時] 栄養士の先生の話を聞こう！
[第6～8時] 給食室や給食さんを調べよう！
[第9時] 給食さんのお仕事を整理しよう！
[第10時] 給食さんにインタビューをして給食の学びをまとめよう。
[第11時] 給食の学びの振り返りと学校の大人クイズ。
[第12・11時] 調べる計画を立てよう（全体の目的とグループの目標）。
[第13時] それぞれのグループの目的とゴールを全体の地図にまとめよう。
[第14時～18時] グループで成長を支える学校の大人について調べよう！
[第19時] 調べた内容を整理しよう：発表する情報は？
[第20時] 調べ直しや発表準備をしよう。
[第21～34時] それぞれのグループの発表をしよう！
　（※他のグループの発表を聞いて，必要に応じて調べ直し）
[第35時] 成長を支える身近な「もの」：綿花から糸紡ぎ。
[第36時] 全体の学びの進め方や内容を振り返る。
[第37時]「成長って？」自分の成長と家族の関わり。

116

自分をみつめて〜自分の成長とまわりの○○〜 **総合学習**

## 3 本実践の始まりにおける個の学びのモデル

**START**

フェーズ 1
- 成長って何だろう？大きくなるのはお家の人のおかげかな……
- 給食さんを「食べる」「働く」っていう見方で見てみよう！
- 調べるって楽しいな！見たり聞いたりするとよく分かるね！

＊学級全体で、「成長」につながりやすい給食さんを共通の経験として学習する。
＊成長について限定せずに幅広い視点から考える。

フェーズ 2
- 給食さんの学習で付いた「学ぶ力」は何だろう……？
- 成長を支えてくれる「学校の大人」を自分たちで調べてみたい！
- 他のグループの発表を聞くと、働く大人のイメージが広がる！
- 自分たちのグループの発表は全体の学びにつながっているかな？
- たくさんの発表を聞いていると共通することが分かってくるね……

＊互いの発表を見合い共通点や学び方のよさを考える。
＊全体の目的に合致した情報や発表になるか、内容を見返す。
＊グループに分かれ目標と学習計画を立てる。
＊共通の学習経験で振り返りをする。

フェーズ 3
- 学校の大人とお家の人、自分たちの成長を支えてくれる人は……

＊より身近な「家族」について考え、自分の成長を相対化する。

**NEXT**

| 実践編① | 第2章 | 117

## 活動の軌跡

### 1　学び方を学ぶ低学年

　本校の低学年は総合学習として，いわば教科の枠組みを超えて目の前の子どもたちにとって学びやすいように身近な生活とつなげて学びをつくっていく。そうであるからこそ，「学びは生活からはじまり，生活に還っていく」「？はつながっていく」というような学びの重要な視点が個としても学級全体としても大切にされる必要がある。つまり学習内容と方法がセットになって一人一人の学びの核が形成されていく契機になる，学び方の学びが非常に重要である。

　1年生では紙漉きの活動を基に他のクラスに見てもらう「紙のはくぶつかん」の活動へと広げ，「はくぶつかん」になるようにグループごとにブースで発表した。

　2年生2学期では藤の実フェスタで，国語の学習から発展させて「スイミー」の劇に取り組み，学級全体で1つのことに取り組む学びをした。<u>どんな内容を，どのような活動で学び，どのような力が付いてきたか振り返ることで学び方を学んできた。</u>

### 2　成長って…？

　そのような学習を積み重ねてきた子どもたちの経験を束ね，2年間の学びの成果とするために，これまでの学びを「ひと」「もの」「こと」という視点で整理し，それらは「成長をささえるまわりの○○」という捉え直してみると，「ひと」についての学びの経験が少なく学びが広がる可能性が見えた。

　2年生にとっては給食室が近いことや，毎日の食事を支えてくださる栄養士の先生や給食さんは

**教師のファシリテーション**

> はじめは楽しかっただけかもしれないけれど，段々と学習の進め方や規模，目標を変えて，つながって生まれる「学びの意味」に目が向くように支えていこう。

自分をみつめて〜自分の成長とまわりの○○〜 **総合学習**

興味の対象であった。調べる際にもすぐに見学に行け、新しい「？」が連続しやすく、**何より一人一人の興味・関心がズレたりすることで学びが充実する。**

栄養士の先生の話の後に、自分たちが調べていきたいこと「？」に思っていることを整理し、調べる方法を考えた。また、予想したり外から見学したり、密着取材をしたり、インタビューをしたりすることを経験しながら調べを進め、**そこで見いだされる学びの意味を振り返ることで「どういう方法をとれば目的に合う学び方ができるか」**ということもつかめるようにした。その活動の中で、自分なりの発見を絵にまとめたり、休み時間など自分の時間を活用して給食室にはりついて見学したり、給食さんに個別の質問をインタビューしたりする姿が現れたが、そのような場面を大切に取り上げ「自分らしい学び」が実現するよう、「よりよい学び」を見付けていけるようきっかけづくりをした。

クラスの時間で作成した名刺を携えて、**2学期の終業の会の後にインタビューをしたが、1人の人としっかり向き合って話を聞き、自分のことを知ってもらうという経験は大きな手応えとなり、3学期の学びの原動力になった。**

> 学級全体で共通の経験を積み重ねることで、グループに分かれたあとの活動の足場をつくろう。学習感想を配って仲間との「違い」もたのしめるようにしよう。

> 子どもと活動をつくっていくと、ともすると学びの価値や意味を見失ってしまう。全体での学びがこの先にしっかりつながるように具体的な活動の姿と、具体的な力を結び付けて実感的に理解できるように振り返りをしよう。

> 終業式の後にインタビューをして「よい学び納めができた！」と思って3学期に進んでほしい。名刺は喜んでもらえるかな？

## 3 グループでの調べ活動と全体の学び

冬休みにお家で「お手伝い」ではなく、「お仕事」として経験してきた子どもたちは、「働く」ということについて意識が向いている状況で3学期をスタートした。

みんなで取り組んだ給食の学びを土台にして、どれだけ一人一人、グループで学ぶ中で力を発揮

できるか学びへの意欲にあふれていた。

　学校の大人のことをどれだけ知っているのか，クイズをしてから個々の興味・関心に応じて<u>グループに分かれ，①なぜその大人を選んだのか（調べる動機・目的），②何をゴールに調べるのか（学びの方向性）を全体で地図のように図式化して共有し，活動の中でいつでも見られるようにした。</u>

　全体で13グループになったが，それぞれのグループが「働く大人」についてきちんと調べるという責任を果たすことでパズルのピースが埋まっていくこと，<u>全体のテーマに沿いつつ（共存性）それぞれのグループの学びに独自の要素があること（自律性）</u>で，クラス全体のパズルが大きく鮮やかになっていくことを全体のゴールイメージとして確認してから活動を開始した。

　全体のテーマは「学校で働いている大人の"すごさ"とは！？」というものであった。グループで活動の計画を立てやすいように，「予想する」「見学する」「密着する」「情報をまとめる」「計画を修正する」のように学びを構成する要素は示して，自分たちでマネジメントできるようにした。タブレットPCを持ち，取材を進める中で「今日は来ない日だって」「予想と違った！」「大雪が降って取材が進まない」などたくさんのトラブルにも見舞われたが，だからこそ自分たちのスケジュールを調整したり，早めに給食を食べて時間をつくったりするなどのマネジメントの力が伸び，また本気で働いている大人の姿を目の当たりにして，自分たちにしか分からない具体的なエピソードを情報として集めることが可能になった。学び方を学ぶ際に，このような具体性の重要性が改めて実感できた。

　情報も集まっていざ発表，という段になって一

> どの子（グループ）のどのようなよさが発揮されるかな？　入口の目的意識を全体と個別で確認して始めよう。

> 自分の学びも全体の学びも充実するには計画が修正されたり，ゴールが先に再設定されたりすることも大事であると，前向きに評価してあげよう。

自分をみつめて〜自分の成長とまわりの○○〜 **総合学習**

度教師から情報の質について投げかけた。「発表をする際にみんなに見せる情報に失礼はないか」「大きいテーマに沿えているか（自分たちが心から"すごさ"を感じた事実を見付けられたか）」という２点である。

発表が進む中で友達の学び方のよさを感じ、「いつも少しでも時間があると２人はいつもＳさんのところにいって、すこしでもしらべたいんだなぁーと思いました。はっぴょうの時にＳさんにも見てもらって『うれしい』という気持ちがあったと思います」と感想を書く子や、グループの発表が終わった後に「先生！ 土日にしか来ない警備さんにインタビューしてきたからどこかでまた発表したいな」と１回目の学びをバネにさらに挑戦を続けた子、全グループ発表終了後に全体を通して分かったことを「世田谷小学校の先生はみんなえがおがすごい多いなぁと思いました。ほとんどの先生が笑顔があるので、世田谷小学校でよかったなぁと思いました。ぼくもみんなの話を聞いたら、ほとんどの先生をしらべたくなったので、もっと大人調べをしてはっぴょうしてあたまがよくなりたいです」とまとめた子など素敵な姿がたくさん見られた。

自分なりの学びをつくること、一度設定したゴールにたどり着くと次のゴールを再設定すること、学びの意味や価値それ自体を振り返り自分の力にしようとすること、そのような学び方を学んだ低学年の子どもたち。低学年の学びの可能性や前向きな瑞々しさを目の当たりにしたが、これからも自分の学びのよさや、仲間の学びのよさを味わいながら、学びに一歩踏み出し続ける頑張りを支えていきたい。

（宮田浩行）

> 先生たちと仲よくなったからこそ、失礼にならない発表を準備したり情報を精査したりするトンネルを全員にくぐらせよう。

> 毎回の発表ではその先生（グループ）らしさと"すごさ"どちらも話題にすることで、発表しやすく聞いて反応しやすい環境にしようと心がけた。

> 全員の感想は毎時間配って、時間外でも友達のいい学びを味わえるようにしてあげよう。

# 第3学年
# りりりりりりりりプロジェクト

## カリキュラム・デザイン

### 1 本実践で生かして伸ばしたい「資質・能力」

＊問うこと・追究することの面白さを知ること（学び＝遊び）
　→学びの原動力となる資質
＊自ら学びの軌跡を整理し針路を決めること（学びのコンパス）
　→学び続けていくための能力
＊科学的態度・思考力の基礎
　（自ら問い確かめようとする態度，その実現方法を考える力）

### 2 活動全体の流れ

> [第1時]「かっぱっているのかな……？」―問いの共有
> [第2～4時] かっぱについて調べてみよう！
> [第5～10時] かっぱ捕獲大作戦①　キュウリを育てよう（土づくりから収穫まで）。
> [第11～13時] かっぱ捕獲大作戦②　育てたキュウリを池に仕掛けてみよう。
> [第14～16時] こんなにあった！日本各地のかっぱゆかりの地。
> [第17時] かっぱの聖地・岩手県遠野市に行きたい！（行き方，時間，費用を調べよう）
> 　→断念……
> [第18・19時] 浅草にある曹源寺（かっぱ寺）ならどうだろう？調べよう！
> 　→行けそうげんじ！！！！！
> [第20・21時] いざかっぱ寺へ！
> [第22～25時] これまで調べたことを人に伝えるためには？？
> [第26・27時] ふじのみフェスタでプレゼンテーション。
> [第28時] ふじのみフェスタ振り返り（知らない大人にプレゼンするって大変！）。
> [第29時] これまでの「りりりりりりりりプロジェクト」を振り返る。
> [第30時]「結局，かっぱっているのかな？」―科学哲学の入り口

## 3　本実践の始まりにおける個の学びのモデル

**START**

フェーズ1：かっぱっているのかな？

フェーズ2：
- かっぱのためにキュウリを育てたい。キュウリって黄色い花が咲くんだね！（理科への接続）
- かっぱっているのかな？確かめられるのかな。そもそも「いる」とか「いない」って、どういうことなんだろう。（科学哲学の入り口）
- 調べる方法って何があるだろう？インターネットは便利だな。でも情報がばらばらだ。いろんな資料を見てみよう。（情報活用・情報リテラシー）

＊本実践のようなテーマ設定型の総合学習は，フェーズ1から3までを直線で結ぶのではなく，フェーズ2において様々な学びの機会を通して，ときに教科と結び付きながらフェーズ3のような子どもの姿を涵養しようとするものである。左にいくつか例を示す。

フェーズ3：調べるって面白い！次は何について調べようかな！

**NEXT**

## 活動の軌跡

### 1 「かっぱっているのかな？」

誰が言ったのか分からない。でもみんなに聞こえた。「かっぱっているのかな？」そんな不思議な呟きから3−2の総合学習は始まった。

「かっぱを探している」，そう言うと周りの大人たちは「3年生ってかわいいね」と目を細める。とんでもない！　このつぶやきに間髪入れず，大きな声が聞こえた。「ははは！　かっぱなんているわけないじゃん！」。それに便乗するように数人が騒ぎ出し，大人たちが大好きな"幼気なファンタジー"を引っぺがしていく。ただ，そんな中，「え，いないの？」と，遠慮がちな呟きも聞こえた。この小さな対立こそが，その後1年間を通じて追究し続ける3−2の総合学習のテーマを生んだのである。

### 2 かっぱ捕獲大作戦！

理科の時間，子どもたちは泥だらけになりながら土づくりをして，丁寧にキュウリの苗を植えた。かっぱの存在を確かめるために，校内の池にかっぱの大好物を仕掛けるそうだ。心を込めて土づくりをして，丁寧に苗を扱い，愛でるように観察していた。その後も，自ら自分が植えた苗に毎日水をやり，成長の過程をしっかりと観察していったのである。子どもたちは，「キュウリの実って花の下にできるんだね！」と目を輝かせた。

教科書を開けば唐突に「植物を育てよう」と書いてある。しかし，3−2の子どもたちは教科書を開く前からキュウリを育てることを望んでいた。だからこそ，自分たちが育てている植物を大切にする姿勢は，大人から言われなくても彼らの

---

**教師のファシリテーション**

> この瞬間に「ここだ！」と反応できたことが，自分の一番のファインプレイだった。とはいえ，このときは「初めて理科を学ぶ3年生に"悪魔の証明"の話でもしようかな」というくらいの軽い気持ち。

> 「いるわけない」が強い場だったので，「本当にいないって言えるの？」と，小さな呟きを拡声することで問いを立てる。

> 理科としての学習を保障するため，植物観察の視点や方法・描き方などを指導。

りりりりりりりりりプロジェクト **総合学習**

内から湧いてくる。

　収穫したキュウリを持って子どもたちは学校の池に走る。残念ながら、「かっぱ捕獲大成功！」とはいかなかったが、<u>子どもたちはその結果をもって「かっぱはいない」と結論付けることはできないという</u>。「仕掛け方が悪いのかもしれない」、「都会にはいないのかもしれない」。これこそまさに科学的であり論理的なものの考え方だ！

> 振り返りは黒板を使って教室で行い、結果から考察を導くようファシリテーション。子どもから出てきた推論を、「場所の問題」、「地域の問題」などにカテゴライズする。

## 3　「曹源寺なら行けそうげんじー！！！！！」

　かっぱのことを調べていくうちに、かっぱの聖地・岩手県遠野市の存在を知る。「クラスみんなで遠野に行きたい！」子どもたちの願いに対して、「じゃあ実際に行けるのかどうか調べようよ」と投げかけると、彼らは止まった。夢を語ることはあっても、「どう実現するか」について考えた経験はあまりないのだろう。

　子どもたちはインターネットを利用して世田谷から遠野までの交通費を調べた。その結果、往復でひとりおよそ3万円になることが分かった。夢を実現する難しさが伝わったかなぁと思えば、「お金と時間が分かったから行けるぞ！」と一層盛り上がる子どもたち……なるほど、これは面白い！いくら算数の計算ができても、日頃財布の紐を握ることのない彼らには、「予算」という言葉に実感が伴っていないのかもしれない。<u>事務室に遠足の予算の確認の電話をさせる</u>。受話器を置いた途端、驚きと落胆が入り混じった顔でクラスに叫ぶ。「みんな、遠野なんて絶対無理だよー！！」。

> ここは、「お金」や「時間」という現実と向き合うチャンス！担任ではなく、クラスの外の大人と話すのが肝。事前に1円の桁まできちんとリアルに伝えてもらうようお願いしておく。

　しかし、彼らのモチベーションは下がらない。「遠野は無理でも浅草の曹源寺なら行けるかもしれない！」と言い出した。曹源寺とは通称「かっ

ぱ寺」で、かっぱの手のミイラが奉納してあるという。自作の日本かっぱ地図と事務室に聞いた予算を併せて考え、行きたくて行けそうな場所を選んだのだ。遠野について調べた経験が生きている。子どもたちは笑顔で叫ぶ。「<u>曹源寺なら行けそうげんじー！！！！！</u>」。

<u>10月24日</u>、かっぱ日和（小雨）の中、期待に胸を膨らませていざかっぱ寺へ。キュウリが供えられた賽銭箱、手塚治虫さんら著名な漫画家が描いたかっぱの絵の数々、そして、小さくても迫力のあるかっぱの手のミイラに囲まれたお堂の中で聞く住職さんのお話は、2次元の情報にはない圧倒的なリアリティを子どもたちに伝えた。その場の全てを心に刻みつけようとする子どもたちの真剣な眼差しが印象的だった。

## 4　ふじのみフェスタ（総合学習発表会）

ふじのみフェスタでは、かっぱについて調べたことを大人たちにプレゼンテーションした。

準備の段階で発表内容の文書ファイルをシェアしたり、参観者に見せるための<u>追加資料</u>をタブレット内に準備したりと、子どもたちは<u>ICTを駆使</u>した。フェスタのために学んだこれらの技術が、その後の他の学習場面にも活用されたことは言うまでもない。

本番では話す順序や声の明瞭さにも気を配った。国語の学習につながる内容だ。加えて特筆すべきは「気難しそうな人が来ると緊張した。楽しませようとすると今度は話す内容をわすれちゃった」という<u>振り返り</u>だ。国語の授業では「相手が気難しそうな場合」なんて想定されない。しかし、実際に社会でプレゼンテーションをする人にとっ

---

曹源寺に行く条件は学級費の節約と時間の捻出！夢を叶えるためのお金と時間は自分たちでつくろう！

9月、キュウリを持って一足先に曹源寺へ。子どもたちの熱意を住職さんにプレゼンしに行く。

行けなかった遠野市の観光協会に電話してクラスの活動を説明。全員分のかっぱ捕獲許可証と直筆のお手紙を送っていただいた。

休み時間にタブレットを自由に使わせた後、基本的な操作方法を指導。

「同じような経験した人いる？」と広げることで戦友っぽい感じに。成功体験と失敗体験を分けるのは活動自体の成否ではなく、語る子どもの顔に出る充実感。冗長な振り返りはせずポイントを押さえて手短に。

りりりりりりりりプロジェクト **総合学習**

ては「あるある！」だ。顔馴染みのクラスメイトに発表するのとはちがい，知らない大人に発表したからこそ生まれた実践的な学びである。

## 5 おわりに

　アクティブであるとはどういうことだろうか？それはきっと「子どもがたくさん話している」というような表面的な行為のことではなく，「面白さに突き動かされて自ら舵を握っている」というような内面的な在り方のことだ。下の写真は，<u>子どもたちが描いた学びのマップ</u>である。自分たちが通ってきた航路を確認し，次の針路を決定してきた足跡である。アクティブな学びの実現を目指す上では，「系統性」の名の下に固定化する教科や単元等の教育のセクショナリズムについて，また，総合的な学びの価値についても改めて見直す必要があろう。

　子どもたちが舵を握る学びの船は，海原に引かれた境界線などものともせず生き生きと力強く進むのである。

（木村翔太）

マップはそのとき描き方を教えるのではなく，日頃黒板に描いて見せておく。
子どもをかっぱに惹きつけるのではなく，子どもとととともにかっぱに惹きつけられる。そうすると，「授業＜学び＝遊び」の場ができていく。

| 実践編① | 第2章 | 127

# 第6学年
# ６－３大道芸～ステージ６－３

## カリキュラム・デザイン

### 1　本実践で生かして伸ばしたい「資質・能力」

＊目標に照らして，自分に合った活動を決める。

＊現状の課題を解決に導く方法を考え，試してみる。

＊相手を意識して発表内容を考える。

＊できるようになりたいという願いをもち,見通しをもって計画し,練習する。

＊仲間と活動に没入することの心地よさを感じ，もっとやってみたいという願いをもつ。

### 2　活動全体の流れ

> ※単元前の活動として１学期に行った林間学校での選択活動がある。
>
> **[第１時]** 林間学校の振り返り。
>
> **[第２・３・４時]** ふじのみフェスタで何をしたいか考える。
>
> **[第５時]**「映画作り」の取り下げを受けて，再度話し合う。
>
> **[第６～７時]** 自分が挑戦したい演技を決め,同じ演技の友達とグループを作って，計画を立てる。
>
> **[第８時]** 発表準備のための係を決める。
>
> **[第９～11時]** グループで演目練習＋係で発表の準備をする＊休み時間も自主練習。
>
> **[第12時]** 会場準備とリハーサル。
>
> **[第13～14時]** ふじのみフェスタで発表する（本校体育館）。
>
> **[第15時]** ふじのみフェスタの振り返り。
>
> **[第16時～18時]** 自分の演技を決め，グループづくり。発表に必要な係を決め計画を立てる。
>
> **[第19時]** ゲストティーチャーからジャグリングや見せ方の指導を受ける。
>
> **[第20～23時]** 練習と発表の準備。＊休み時間や放課後，休日も集まっての自主練習が始まる。
>
> **[第24・25時]** 学校でリハーサルを行う。
>
> **[第26～29時]** 地域の老人ホームで公演／地域の幼稚園で公演（２日に２時間ずつ）。
>
> **[第30時]** 活動全体の振り返り。

6-3大道芸〜ステージ6-3 **総合学習**

## 3 本実践の始まりにおける個の学びのモデル

**START**

 フェーズ1

- 1日練習したら，ジャグリングやダブルダッチができた！
- クラスのみんなで発表する活動をしてみたい。

＊ふじのみフェスタでやってみたいことを考える。
＊活動候補を募って，プレゼンし合う。

 フェーズ2

- みんなで劇の発表に挑戦したい！
- フェスタまで時間がない。時間を見付けて練習しないと！
- ふじのみフェスタで参観者からの大きな拍手が嬉しい。
- 今度は自分たちで台本を作って劇を作りたい。

＊2種類の台本を紹介。どちらかに決めて練習と準備。
＊6-3の劇本番。
＊ふじのみフェスタの振り返りとクラステーマ決め。
＊劇の内容を考え，台本を作成。練習，準備。

 フェーズ3

- 友達となかなか思いが合わない。どうしよう…。
- こんな技もできるようになった。もっと練習して技を増やしたい！
- 皆で活動をやり切ったことが嬉しい！

＊活動の振り返り（日記・振り返り活動・卒業文集）。

**NEXT**

| 実践編① | 第2章 | 129

## 活動の軌跡

### 1　林間学校の自由選択活動

**教師のファシリテーション**

　本校の林間学校には、自由選択活動がある。三日間の行程のうち、二日目の活動を自分たちでつくりだすというものだ。「つくる」「歩く」「探す」などといったいくつかのテーマを足掛かりにして、自分が挑戦してみたい活動を作り出すのだ。

　その中で「手作りイリュージョン」という活動が生まれた。未経験のダブルダッチやジャグリングを、1日かけてマスターしようという活動である。午前午後合わせて正味5時間。学園の中でひたすら練習をし、夕食後の活動自慢大会では、少しできるようになったそれぞれの技を皆に披露していた。<u>決して上手とは言えない動きや技ではあるものの、1日の努力の成果に皆からの拍手が自然と起こった</u>。

> よい活動をしていた。全校児童に発表するように促してみよう。

　この活動に参加した6年3組のSは後日、日記に「広場に出ようということまで決まってよかったです。これをばねによいことが自分でつくれそうです。イリュージョンは努力の結晶です。今回イリュージョンの愉しさは、一つにまとまることだったと思います」と書いていた。

### 2　6-3大道芸

　10月になると、「ふじのみフェスタ」がある。6年3組でも「ふじのみフェスタ」に向けての話し合いが始まった。<u>どのような活動を行うのか、仲間を募って自分たちがしたい活動のプレゼンをグループで作成し、最終的にクラス全員の投票で決めるという流れになった</u>。これまで書きためてきたエッセイを展示する活動や、読んできた宮沢賢治作品を劇にする活動など、これまでの学びを

> 活動成立の条件としては、学級全体で取り組めることと、全員が同時に活動を進められること。群像劇か大道芸あたりが妥当かな。

6－3大道芸〜ステージ6－3 **総合学習**

基にして様々な活動が提案された。その中にN，W，Sの「林間学校でやった手作りイリュージョンを今度はクラスの皆とやってみたい」というものも含まれていた。

　提案が終わり投票するとわずか一票差で「**映画作り**」に決定した。次点が「クラス版の手作りイリュージョン」だった。活動が決まったものの、「映画作り」はなかなか具体的に進展していかない。いちばん大きな柱となる映画のテーマやストーリーが、提案グループからなかなか出てこない。実は映画作りを経験したいということが本音であって、伝えたいテーマやストーリーがあるわけではなかったのだ。**時間ばかりが過ぎていく中で、提案者たちは苦しそうであると同時に、明らかに熱が冷めていっていた**。提案者であるM，R，Tたちは、よく話し合った結果、取り下げて再投票を選択した。そして、その結果6年3組の活動は「手作りイリュージョン」に決定した。

　挑戦してみたい技について話し合うと「ジャグリング」「ダブルダッチ」「ディアボロ」「エイトリング」「巨大シャボン玉」などが上がった。自分のやりたい技を選んで、いよいよ練習開始。活動名は皆で話し合って「**6－3大道芸**」になった。

　提案グループの中からSやT，Mが中心になって活動の舵を取り始めた。委員としてHやNが連絡調整を始めた。1年生への連絡を忘れるというハプニングも途中ありながらも、ゴールに向かって毎日のように、教室で、廊下で、校庭で、それぞれの演技の練習に励んでいた。この頃からSの日記には、いつも「6－3大道芸」への思いが綴られるようになった。「進んでいるチームと進まないチームがいます。道具がそろわないから

> 映画は、何か伝えたいことが先にあってそのための表現方法である。伝えたいことやストーリーの案はあるのか問うてみよう。

> このままじゃ進まないな。提案グループに今の思いを聞き、「このまま活動を継続する」か「活動を一旦取り下げて再投票を行う」か「映画はこの先のクラステーマで再挑戦する」か、よく話し合ってどれかを選ぶように助言をしよう。

> 大道芸なら活動のゴールがはっきりしているので、ふじのみフェスタまでは、子どもたちに活動を委ねて大丈夫だろう。

なのか，やる気がないからか。少しずつ声をかけていこうと思います」「決めてほしいことがいくつかあります。衣装と，昨日の反省です。これが終わったところから練習です。僕がすべてのチームに『終わった？』なんて聞いていられないのでまかせますが二つは絶対です。練習で皆が集まった時，僕は前に出ませんでした。少し疲れていました」<u>全体の様子を見ながら，責任をもって活動を推進していこうとするSの思いが感じられた。</u>

Sが変わってきたな。日記のコメントにねぎらいの言葉を書くようにしよう。

そして迎えた本番。正味3週間の突貫練習である。技は，成功したものよりも失敗したものの方が多い。しかし，子供たちが技を披露するたびに「おおぉ！」「あ～」と，成功しても失敗しても体育館が大きな歓声と拍手に包まれた。この一体感。子どもたちは満面の笑みで発表を終えることができた。

## 3　ステージ6－3へ

<u>「映画を取り下げて正解だった」という声が振り返りであがった。</u>クラステーマの話し合いでは，「6－3大道芸さらに進化させたい」という声がほとんどであった。反対意見も一部あったが，大道芸そのものを否定するのではなく「他の活動にも挑戦したい」という前向きな声であった。Sは日記に「フェスタは成功でした。今日のクラステーマの話し合いでは，大道芸を進化させるとあきらめる（いい意味で）という二つに分かれていました。(中略)でも，大道芸をあきらめたくないです」という率直な思いを綴っていた。皆でよく話し合った結果，満場一致で，活動継続が決定。SやIが活動の中心となった。<u>皆で6－3大道芸のVTRを見る</u>と，「失敗が何度も続くとみっとも

この手応えは次の活動へのエネルギーになるな。ここで終わるのはもったいない。活動継続を期待したいな。熱が冷めないうちにクラステーマを考えさせよう。

さらなる目当てをはっきりもたせたいな。活動の目当てを自分たちで見定めるために，「6－3大道芸」のVTRを見せよう。

ない」「同じ技をずっとやっていると長く感じる」「自分たちを知っている人だから拍手をくれたのでは？」という声があがった。**そこから「もっと技を上達させて，自分たちを知らない人の前で披露したい」という次の活動「ステージ６－３」が生まれた**。探してみるとＫの親戚にプロのジャグラーがいた。そこでゲストティーチャーに招いて，技や見せ方のアドバイスをもらった。子どもたちは，近隣の老人ホームや幼稚園に連絡をとり，公演させてもらう約束をとり付けた。**本番までの２ヶ月半，毎日教室では時間を見付けて練習する子どもの姿が当たり前となった**。社会科見学先の上野公園でジャグリングの練習をする子もいた。

最後にある子の卒業文集を紹介して筆を置きたい。「達成感の本当の意味がわかったと感じた時は藤の実フェスタとクラステーマの時だ。藤の実フェスタでは，自分の技だったダブルダッチの練習を沢山していた。休日に集まって練習をした。そこまでは充実している活動だった。でも本番で緊張してしまい，失敗をくりかえしてしまった。～（中略）～成功せずに終わってしまった。この時私は不思議な感じがした。二回とも失敗して悲しいはずなのに，なぜかうれしかった。やりきったという気持ちで頭がいっぱいであった。結果に関係なく，本番に向けて自分がしてきたことに対する喜びだと気づいた。クラステーマに向けて頑張ろうとより強く思えた」

自分たちがしてきたことを喜びや誇りと思える活動を，今後も子どもたちと一緒に作っていきたい。

（西川義浩）

> これ以上の技のスキルアップは独学では難しいだろう。教えてくれる人を探すように助言しよう。最後まで自分たちでやり遂げさせたいな。

> 皆が本気になっているな。この思いが推進力になって，活動は進んでいくだろう。

# 健康教育

## 目指す子ども像
- 自分のからだ，仲間のからだをみつめ，からだと仲間にやさしい子ども
- からだの巧みさ，反応性を感じ，からだと対話しながら日々の過ごし方を導いていく子ども

## 育てたい資質・能力

・今もっている健康を十分に生かしきって，よりよく生きること，そして，健康を与えられるのではなく，自分自身で，あるいは自分たちで求め獲得していこうとする「自分と仲間，健康はみんなでつくっていこう」という健康観を育みたい。

・自己や他者の健康の保持増進を図ることができるよう，自分に必要な情報を適切に選び，自ら「よりよい意志決定」ができるためには，自分のからだについて語れる力，受けとめる力（ヘルスリテラシー）が必要である。

（健康教育の場とは）

　例えば，身長体重測定時の保健指導やけがの手当をしているときの養護教諭の話。給食時間に栄養教諭が配る「モグモグ通信」を担任が読んで聞かせるとき。保健指導，食育指導から関連した教科学習へというように，本校では，毎日の生活と関係付けながら自分のからだや心，健康，食事について意識することができるように，保健学習，保健指導，食育，学校給食，その他の学校保健活動を「健康教育」として位置付けています。学校全体，学級，中小のグループ，個別というように，また，保健室・給食室という場も，子どもたちの必要に応じた個々レベルの支援も含まれます。

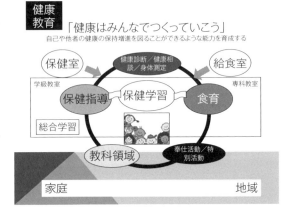

134

教科提案 健康教育

## 健康教育における「自分の学びに自信がもてる」子ども

　小学生は，健康やからだ，食については，まだ大人に左右されています。自立できていないからこそ，自分の生活と結び付けて考えること，仲間と共に学ぶことが大切です。健康な生活がごく自然にできている段階で，自分のやっていることはいいことなのだという評価が出せることが「自信」の土台となると考えています。マイナスをプラスに変えることは，なかなか難しいけれど，プラスのものをよりよくしていくことは，意外に簡単で取り組みやすいものです。「大丈夫，今の自分」と感じる経験を通し，自分の生活や行動に自信をもち，他の生活行動を変えていく勇気や持続力へと転化できるのではないでしょうか。

　人間は成功体験から多くのことを学び，自分を大切にしようという気持ちを湧かすことができます。また，仲間と共に学ぶことで「みんな同じだ」「自分とは違う」「あの子はどうだろう」など，自分と他者とのからだへの気付きが表出されるでしょう。

　子どもたちの知識や考えが行動に影響します。しかし，行動変容のためには，知識だけでは十分ではなく，認知，動機，技術，社会的環境が行動に対する鍵となります。この中でも動機に強く関わるのが「自信」ではないでしょうか。

今やっていることは「よい」ことという自信の土台に支えられ，「びっくりした」「おもしろい」「おいしい」「楽しい」「気持ちいい」といった，心が動く活動が，学びを深めていくことになると考えています。単元の工夫や，栄養教諭，養護教諭ならではの専門性の発揮によりつくっていきたいと考えています。　　（丸田文子）

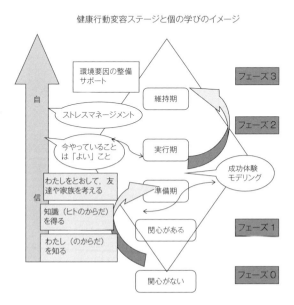
健康行動変容ステージと個の学びのイメージ

# 平成29年度　健康教育　活動一覧

保健指導　　　食育　　　保険学習

| 学年／月 | 4月 | 5月 | 6月 | 7月 | 8月 | 9月 |
|---|---|---|---|---|---|---|
| 1年生 | 保健室ってどんなところ？（Ⅰ） | おもしろからだのものさし | お相手さんと一緒に | | | 世小けがマップ「こんなときどる？」 |
| | ・保健室の利用のしかた<br>・自分でできる簡単な手当<br>・からだの自然治癒力 | ・自分ののからだではかれる「からだ」<br>・身長・体重をはかろう | ・給食のおしたく<br>・食べられるものを増やそう<br>・アレルギーって何？ | | | ・どんなけがが多いか？<br>・自分でできる手当<br>・けがの予防 |
| | 保健室を探検し、保健室と養護教諭の役割や利用方法について理解するだけでなく、自分のからだやや心に目を向け、学校生活をよりよくしていけることをねらいとする。 | 自分の体に目を向けよう。よく知っているはずなのに、「知らなかった！」がたくさんある。からだを使ってからだを学ぼう。 | 【2年生から教えてもらう】<br>食べることへの期待感、給食の関心を高める。 | | | |
| 2年生 | 成長の話1（Ⅰ） | そらまめの皮むき | お相手さんと一緒に | 食事マナーを振り返る | | 世小けがマップ「いたいはなし」 |
| | ・赤ちゃんの頃から今までの成長<br>・食べられるようになったもの<br>・いろいろな食べもの | ・そら豆のさやを割きをしよう | ・給食のおしたく<br>・食べられるものを増やそう | ・1学期の食事のマナーを振り返る | | ・自然治癒力<br>・かさぶたくん<br>・なんで洗わなければいけないのか |
| | 1年生が入学してお兄さん、お姉さんになった。お相手さんのお世話は大変だけど、自分たちも色々お世話になって大きくなった。 | 体の感覚を生かして食材に触れる。食材の種類に関心をもつ。 | 【1年生に教える】<br>食事のはじまりである準備や責任感を担う。もぐもぐ通信を読み込む。 | 日常に置き換えてマナーを振り返り、相手と食べることへの意識を高める。 | | 分かりきっているようなけがの手当ても、みんなで一緒に考えると、子どもたちの現在の様子、改なければいけないところ、なぜ考えた方がいいのか？あらためて確認することができる。 |
| 3年生 | 成長の話2（Ⅰ） | | | | | 世小けがマップ「いたいはなし」 |
| | ・子どもの身長と体重の増加を成長という<br>・大きく成長する時期がある<br>・成長のしかたは一人ひとり違う | | | | | ・自然治癒力<br>・かさぶたくん<br>・なんで洗わなければいけないのか |
| | 身長は増えるとうれしいけど、体重なんだかいやだなあ。どうして背は伸びるの？体重が増えるのはなぜ？を考える。 | | | | | けがには、授業の内容や教材も関ること、慣れからくる油断や危険動がけを誘発することなど、子たちの気付きを引き出したい。 |
| 4年生 | 成長の話3（Ⅰ） | | 和食器の授業 | | | 移動教室に向けて1「毎日の生活康」 |
| | ・子どもの身長と体重の増加を成長という<br>・大きく成長する時期がある<br>・成長のしかたは一人ひとり違う | | ・給食を和食器で食べてみよう | | | ・健康観察をしよう<br>・睡眠の大切さ<br>・自分の健康目標をきめよう |
| | 身長は増えるとうれしいけど、体重なんだかいやだなあ。どうして背は伸びるの？体重が増えるのはなぜ？を考える。 | | 和食器の模様の意味を知り、日本の食文化に触れる。食器を大切に扱うことを意識させる。 | | | 毎日の生活を見つめ直し、健康にるために必要なものは何かを再認していく。 |
| 5年生 | 成長ってどんなこと？ | | | とうもろこしの皮むき | | 昔の子ども今の子ども背比べ |
| | ・子どもの身長と体重の増加を成長という<br>・大きく成長する時期がある<br>・成長のしかたは一人ひとり違う<br>・身長や体重の増加とは違うからだの変化 | | | ・とうもろこしの種子、穂の観察 | | ・身長を伸ばすために大切なこと何だろう？<br>・骨はいつ伸びる |
| | 子どもたち一人ひとりに自分の体を見つめさせ、自分のこれまでとこれからを展望すること。そして、発達・発育の個人差や男女差に気付き、それを肯定的に受け止めることをねらいとしている。 | | | 種子の観察から、野菜の成り立ちを学ぶ。また、とうもろこしの加工品やエネルギー利用に関心をもつ。（事前にブックトーク） | | |
| 6年生 | 命を守る | けがの防止 | 林間学校にむけて「大人へのステップ」 | | | 心の健康 |
| | ・もしも人が倒れたら<br>・AEDで救える命<br>・AEDのある場所と使い方 | ・けがかおこるのはなぜ？<br>学校や地域社会でのけがを防ご<br>・交通事故を防ごう<br>・けがの手当できるかな？ | ・月経の手当<br>・レディのマナーとエチケット | | | ・ストレスとじょうずに向き合お？<br>・人との関わりの中で生きる自分つめよう |
| | 心停止の人に何もしないでいた場合にくらべ、心肺蘇生、AEDによる電気ショックを行うと救命の可能性が大きく高まる。小学生の自分が何ができるのか？を考える。 | けがの防止には、周囲の危険に気付いて、的確な判断の下に安全に行動することで環境を安全に整えることが必要である。<br>・けがをしたときなどは、速やかに手当をする必要があること。また、簡単な手当てができること。 | | | | 心と体は密接な関係にあり、互い響し合う。見えないけれど心は瞬きで、때に、いやな気持ちらい気持ちは脳を通じて体のにも影響する。主に自律神経の働きる。また、体が調子が悪い時も気持ちもマイナス方向になりがち好きな人のことを考えてドキドキ何かしゃべったりすると顔が赤くでもすごくうれしくなるというの具体的な例である。 |
| | | 定期健康診断 | 林間学校6年、5年 | | | 教育実習 |
| 学校行事 | 入学の会 | | | | | |

教科提案　**健康教育**

は ICT 活用

| | 11月 | 12月 | 1月 | 2月 | 3月 |
|---|---|---|---|---|---|
| …しのはなし | | | 不思議なからだ「手」（Ⅰ） | | |
| …しの持ち方を練習しよう | | | ・おさるの手<br>・人間の手<br>・手をもっと使おう | | |
| …一の所作の一つであるおはし<br>ち方を伝え、実用できること<br>指す。 | | | 自分のからだに目を向けよう。よ<br>く知っているはずなのに、「知らな<br>かった！」がたくさんある。から<br>だを使ってからだを学ぼう。 | | |
| | 食べた感じを言葉にしてみ<br>よう | | はたらく犬「五感」（Ⅰ） | からだの実験 | 食事をつくる人の気持ち<br>を考えよう（Ⅰ） |
| | ・「食べる」ブックトーク<br>・食べた感じを言葉に表現し<br>てみよう | | ・犬は嗅覚が優れている<br>・人間の嗅覚はどうなっている？<br>・「五感」ってなんだ？ | 【その1】<br>・ブックトーク「からだのみなさ<br>ん」・ジュースを飲んで、嗅覚を調<br>べよう<br>【その2】<br>・ブックトーク「感じる力」他<br>・目のような手<br>・触覚を試そう | ・食事を作っている人は<br>どんな気持ちがあるのか<br>考える |
| | 食べることで生まれる言葉<br>を表現しクラスで聞き合う。<br>食べ物の背景にも思いを馳<br>せられるとよい。 | | 今年は犬年。犬は人間の社会で生<br>きている。優れた能力を使って、<br>人間の生活を手伝ってくれている。<br>人間の持っている力はどうだろ<br>う？ | 自分のからだに目を向けよう。よ<br>く知っているはずなのに、「知らな<br>かった！」がたくさんある。から<br>だを使ってからだを学ぼう。 | 給食室の仕事内容を知る<br>上で、調理員さんは気持<br>ちを込めているのかを考<br>えてみる。また、家庭で<br>の食事に置き換えて考え<br>る。 |
| …の授業「おいしいのひみつを<br>ろう」 | | | 病気の話1（Ⅰ） | | |
| …感　・五味<br>…度が変わると味はどうなる<br>…み物の中の砂糖 | | | ・うつる病気：かぜやインフルエ<br>ンザ<br>・予防と手当 | | |
| …味蕾の感知をたしかめ、五味<br>…る。　和食に欠かせないだし<br>…味を知り、だしを生かして<br>…日本食に関心に広がりもつ…<br>…の違いなどで変化する甘さの<br>…法を考える。 | | | 病気は、病原体、体の抵抗力、生<br>活行動、環境が関わり合って起こ<br>る。病気の予防には、病原体を体<br>に入れないことや体の抵抗力を高<br>めることが必要である。 | | |
| …教室に向けて2 | | | 病気の話1（Ⅰ） | | |
| …子ってなあに？男の子って<br>…て<br>…らだの変化（二次性徴） | | | 1．病気のおこり方<br>2．病原体と病気<br>3．生活のしかたと病気 | | |
| …体は年齢にともなって変化し<br>…く。その増加、変化のしか<br>…男女や個人差、時期の遅速…<br>…ることに気付く。<br>…春期のからだや心の変化につ<br>…理解し、やがて自分もその…<br>…むかえることを自覚する。 | | | 病気は、病原体、体の抵抗力、生<br>活行動、環境が関わり合って起こ<br>る。病気の予防には、病原体を体<br>に入れないことや体の抵抗力を高<br>めることが必要である。 | | |
| …ゆくからだとわたし | | | 病気の話1 | 受け継がれる食材<br>〜味噌の未来〜 | |
| …今の誕生やまわりの人たちと<br>…わり、つながり<br>…の誕生の不思議と価値<br>…らだの変化（二次性徴） | | | 1．病気のおこり方<br>2．病原体と病気<br>3．生活のしかたと病気 | ・味噌の種類について知ろう<br>・今野さんの思いについて考える<br>・ブックトーク「花ちゃんの味噌汁」<br>・味噌マップ作り「なぜ購入率が<br>高いのか？」<br>・30歳になったら味噌をつくる<br>か？買うか？<br>・オリジナル味噌作り | |
| …や体重の変化から体の中で起<br>…いる成長発達のしくみにつ…<br>…い。戸惑いや不安を前向…<br>…的に受けとめることをねらう。<br>…自分だけの考えだけでは<br>…友達はどうなんだろう？お<br>…んやお母さんは、先生は…「や<br>…ぱり同じか」「えっーぜんぜ<br>…うなあ」「そうだったんだ」人<br>…関わりから人との違いに気付…<br>…思いを共有することで学びを<br>…ることができる。 | | | 病気は、病原体、体の抵抗力、生<br>活行動、環境が関わり合って起こ<br>る。病気の予防には、病原体を体<br>に入れないことや体の抵抗力を高<br>めることが必要である。 | ふだん何気なく口にしていた食材<br>「味噌」。味噌を伝統的な食文化と<br>して未来へ伝えていくには、自分<br>はどのような選択をするのかにつ<br>いて考える。 | |
| …の予防1 | 給食の献立を考えよう（家<br>庭科） | | 病気の話1 | 病気の予防2 | |
| …ルコールの害<br>…の使い方<br>…物（シンナー　覚醒剤等）に<br>…身体／精神症状 | ・五大栄養素の復習。<br>・1食分の給食の献立を<br>考える。 | | 1．病気のおこり方<br>2．病原体と病気<br>3．生活のしかたと病気 | ・生活のしかたと病気<br>・喫煙は脳の働きや成長に影響を<br>及ぼす<br>・副流煙の害<br>・がんの予防 | |
| | 栄養バランスを考えた献<br>立の作成を行う。世の中<br>のみんなに、「食べてもら<br>いたい」「食べてもらう」<br>切にする。 | | 病気は、病原体、体の抵抗力、生<br>活行動、環境が関わり合って起こ<br>る。病気の予防には、病原体を体<br>に入れないことや体の抵抗力を高<br>めることが必要である。 | 生活行動が主な原因となって起こ<br>る病気は、栄養の偏りがない食事<br>や口腔の衛生など、望ましい生活<br>習慣を身に付けることが必要であ<br>る。飲酒、喫煙、薬物乱用などの<br>行為は、健康を損なう原因である。 | |
| …教室4年 | 藤の実フェスタ | 音楽発表会6年 | | 音楽発表会5年 | 卒業の会 |

実践編① | 第2章 | 137

## 第5学年

# 5-3　受け継がれる食材～味噌の未来～

## カリキュラム・デザイン

### 1　本実践で生かして伸ばしたい「資質・能力」

＊「味噌」に対して，いまそれぞれがもっている味噌への考えや意見を価値観として気付く。

＊「味噌」＝「食文化」として単に捉えず，自分たちの生活と味噌の在り方を主体的に捉え，意見交流ができる。

### 2　活動全体の流れ

---

**※本実践は栄養教諭と学級担任のTT授業での実践である。**

**[第1時]**「味噌について知ろう」

・味噌の材料や，種類について知る。5種類のみそ汁を分析する。

　（米味噌・麦味噌・豆味噌・白味噌・保護者料理クラブの味噌）

**[第2時]**「味噌づくりにはげむ今野さんの思いについて考えよう」

・給食で使用している今野醸造株式会の味噌商品ラベルから，こだわりを探る。

・今野さんの取材から生産への実際のこだわりを知る。

**[第3時]**（メディアの時間）学校図書館司書による読み聞かせ

　　⇒グループトーク

　『はなちゃんのみそ汁（講談社）』『はなちゃん12才の台所（家の光協会)』

・はなちゃんのお母さんはなぜ，みそ汁づくりを伝授したかについて考える。

・料理から伝えようとする思いとはどんなものであるかについて知る。

**[第4時]**「5-3味噌マップをつくろう」

・家庭で使用している味噌の種類について調べ，日本地図に分布する。

・なぜ購入率が高いのかについて考え，家庭においての意見を聞き取る。

**[第5時]**「30歳になったら味噌を○○する～買う・つくる・ない？」

・大人になった自分は味噌を使うときにどのような選択をするのかについて考える。

・味噌に対する自分自身の価値観について気付く。

**[第6～7時]**「味噌を手づくりしよう！～なぜ手づくりをするのだろう？」

---

## 3 本実践の始まりにおける個の学びのモデル

フェーズ1　食文化の味噌についての考えを知る。

　　商品ラベルにこだわりをのせているけど，味噌を買うのは親だしな…

・味噌を種類によって分析。

フェーズ2　知ったことで生まれた問いについて考える。

　　はなちゃんに自分を思い出していてほしいから「みそ汁」をえらんだのではないか？

　　家では祖母が味噌を手作りした味噌をつかっていた。買っていたのではなかった。いままで気付かなかった。なぜ手づくりしているのだろう？

　　味を調整できるから祖母は手作り味噌を選んでいるのか……
自分だったら買うのになあ……

・今野醸造さんのこだわりについて
・商品ラベル，取材
・「はなちゃんのみそ汁」「はなちゃん12才の台所」
・「味噌を『買う？作る？使用しない？』」

フェーズ3　食文化のことについて考えを深め，食文化を考える自分の価値観が生まれる。

　　味噌を通して他の人の意見を聞けるのが面白い！
みんないろいろな味噌へのこだわりがあるのだな。

　　簡単と言っている人もいたけれど，手作りのみそはやっぱり大変だと思った。
みんなとのちがいに気付いた。

・「手作り味噌をつくってみよう」

**NEXT**

## 活動の軌跡

### 1 子どもたちにとって「味噌」とは？

**教師のファシリテーション**

給食時間に学級を訪問すると、栄養教諭が毎回提供している**給食時のお便り（もぐもぐ通信）**を担当の子どもが読み上げ、耳を傾け、情報を手に入れている。

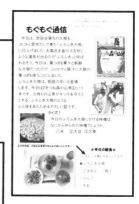

本校では、給食の献立によって味噌を使い分けている。11月には世田谷産の大根を出汁で煮込んだ、**「ふろふき大根・味噌だれ」**を献立に出した。その日の、もぐもぐ通信のクイズには、『今日の味噌は何からつくられているでしょう？』というクイズを載せた。食べている途中に味噌をのぞきこむ子どもたち…。『①米②大麦③大豆』といった選択肢を聞くと、「麦の形をしている…」と確かめている。「家ではどんな味噌を使っているの？」と訊ねると、「なんだろう」といった反応。給食時間の交流は短時間ではあるが、**積み重ねることによって「味噌」に対する知識の裾の素地ができる**。本実践では給食時間を土台としつつ「味噌」への各々の価値観に気付く学習となるように単元を設定した。

麦みそで作った味噌だれ

導入である第1回目の授業時に、「味噌ってどんなイメージがある？」と訊ねた。そうすると「和食」や「味噌汁」と様々なキーワードを出す子どもたち。導入時ではやはり反応が薄い様子。「味噌についてはすでに知っていますよ」という言葉も。味噌汁を5種類紹介し、班によって分析するよう投げかけた。**しょっぱさや、色の濃さで並び替え、見た感じ、飲んだ感じと五感を生かして分析する姿が**。

ポークシチューに八丁味噌を使ったことを紹介することも

家庭科での味噌汁調理実習時には、保護者の有志による料理クラブ手作り味噌を用いていたのだ

5－3 受け継がれる食材〜味噌の未来〜 健康教育

が，率直においしいとは言うものの，味にはあまり気付いていない様子。

## 2 こだわる味噌はつくるものではない？

5種類の味噌汁を分析したあと，「もっと味噌について知りたい」という学習感想が。

今野醸造さんは味噌へのこだわりをもって生産している。味噌のラベルからこだわりを探り，商品ラベルから生産者の思いやこだわりを読み取ることができるのではといったが，「実際に味噌を購入するのはそもそも親である」「商品を選択するときには味噌のラベルだけに時間を割くことはない」といった率直な意見が。

今野醸造さんの製造方法のこだわりである「手揉み糀」を知ると，「今野さんのこだわりはすごい」と称賛の声があがった結果，身近であるはずの給食の味噌が「専門家がつくった味噌」と捉え，味噌と子どもに距離が生まれてしまった。

そこで，家庭で使用している味噌を生産された都道府県ごとに日本地図を用いて分布し，「5の3味噌マップ」づくりをした。家庭で調査したところ，クラス中34人中31人が味噌を購入していた。全国各地の味噌を使用していることに自然と驚きの声が生まれた。そして，味噌を手作りしている家庭が3件あるという結果に出合った子どもたち。「手作り味噌！？」「どうやって作っているのか？」と質問が飛び交いはじめた。いままで当たり前に口にしていた味噌が実は，祖母が手作りした味噌であったということ新たな発見をする姿からは本学習の意欲の高まりを見せた。

> 身近な味噌の一つである給食の味噌で使っている今野醸造さんの仙台味噌を子どもたちに紹介し，栄養教諭が直接取材した内容も伝えてみよう。関心が高まり「味噌をつくってみたい」という反応につながるのでは。

> 家庭で使用している味噌の調査を各自行うように提案をしてみよう。

> 味噌を家庭ではどのような視点で選んでいるのかを予想し，実際に聞き取ってみよう。

> 「なぜ味噌をほとんどが購入している中で，あえて味噌を手づくりをしているのだろうか」といった本学習の本質の問いを投げかけよう。

## 3 「30歳になったら味噌を○○する―つくる・かう・その他？―」

　実際に自分たちが味噌を選ぶ立場となったときを想定し、「30歳になったらみそを○○する～買う，つくる，そもそもない？」といった学習課題に取り組むことに。家で手作り味噌をしている理由は**「私の体によいようにと無添加にこだわっているから」**と家族の思いに気付く姿。しかし**「添加物が生まれた背景は安全のため」**という矛盾が生じている場面も。自分たちへの家庭の取材から価格・安全性・産地などと視点が様々挙がり，手作りすることへの関心よりも「大人になったら時間がないから買うだろう」と口にする姿が。また「味噌を作ってみたいけれど……」と迷う意見が出ると、「趣味とするなら」「2～5歳くらいの子どもがいたら作りたい」という声があがった。すると、**「趣味として時間ができるのは70歳になったときじゃないか？」**「孫のためにつくりたい」といった言葉。

　では、当初味噌を「食文化」「和食」と表現させ、子どもたちがすでにもつ"味噌に対する温かみ"はなんなのだろうか。「文化だから大切なのだ」という子ども。しかし実際には、味噌は買って選ぶ手段のみとして存在する。需要と供給の関係性だけか。「この先の未来は、AI化されて……そういったときに味噌にかわる味のものが出来るもしれない。食文化は味が1番だ」という**「なくなってはいないと思う，可能性としての話です」**という返答がされた。「将来シェアハウスをしたい。そうなったとき、キッチンでどの味噌がよいか争いが起きるかもしれない」「大人になったとき、それぞれがどの味噌を選んでいるか聞き合う味噌

---

手作りの味噌のよさを聞き取ってきた子の言葉を拾いたいが，まずはいまのクラスがもっている購入する視点での味噌への価値観を洗い出そう。

「無添加がよい」という反応があるが，添加物が生まれた背景を問いかけた。現実的な社会の課題を含んだ視点が出てきた。

趣味として味噌づくりをする若年世代がいる事実はまだ知り得ていない。

「味噌はむかしからのこされてきた食文化」であることを授業者である栄養教諭が口にすると途端に強制力をもってしまう可能性があるため、「もし味噌がなくなったら？」と投げかけた。

5-3 受け継がれる食材〜味噌の未来〜 健康教育

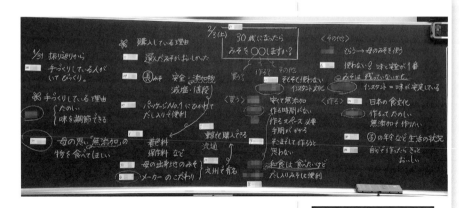

同窓会をひらこう」という子どもたち。味噌を通したクラスメイトとの交流の面白さに気付き、「味噌はなんでもよいと思っていたけど、他の意見を聞くことでそれぞれの考えが面白いと思った」「やはり味噌は生活にかかせないものだ」と<u>味噌に対する個々の価値観を受け止め、食文化を見つめた姿があった。</u>

## 4 やっぱり体験!「味噌づくり体験をしてから……」

「<u>やっとつくれる!</u>」と、味噌づくりに生き生きと取り組む姿。仕込みを終えると味噌樽を大切そうに教室へ持って帰る。「思ったよりも時間が掛からなかった……。大人になったときに手作りできるかも」と、前時の学習に結び付けている姿も。味噌の発酵過程での「天地がえし」は「おいしさのためなら時間をおしまない」という言葉を堂々と口にし、「時間を上回る価値」を選択していた。「手作り味噌は1年待ったほうがおいしい?」とこだわりを見せる姿も。受け継がれてきた味噌を自分の生活の中で主体的に捉えることができる子どもの姿につながった。

(今里衣)

現時点において未来の姿を思考し味噌の在り方を捉えられていると解釈した。

味噌づくりへの期待をよせる。体験することの大切さの実感である。

# 第3章 実践編②

# 宿泊行事

## 目指す子ども像

●自分たちで活動をつくっていく子ども

（日常生活との連続性・活動の意義／価値付け・組織的な動き）

―学年活動・学級活動・自由選択活動―

●じっくりと活動に対峙する子ども

## 育てたい資質・能力

＊「これに挑戦したい」という願いから，主体的に活動をつくる。

＊与えられる楽しさではなく，自分たちで愉しさを見付けつくっていく。

＊自分たちがつくった活動をよりよくしていこうとするとともに，責任をもって最後までやりとげようとする。

＊お互いの思いを受け止めながら，意見の調整を通して，よりよい人間関係・生活を構築していく。

⇩

活動の意味やねらい，あるいは自分たちが大事にしたいことは何か，ということをしっかりと考えて，活動をつくることにじっくりと対峙できる子どもを育てる。

## 3年間の活動の見通し

4年：宿泊における集団生活をつくる係活動・地域を知る・宿舎での生活の仕方を知る。

5年：学級活動～クラス替えを経て新しい仲間と自分たちの学級をつくる。

6年：自由選択活動～仲間と活動をじっくりとつくる。

4年生では，係活動にじっくり時間をとる。富士学園での2泊3日の時間の流れを大事にしていく。丁寧に係活動をつくっていくことで，これから3年間の土台となる宿泊生活の基礎をつくる。また，忍野村地域の自然や人々のくらし，産業に目を向け，そこに関わることで，自分たちの日常とは違った地域を

生活実践 **宿泊行事**

|  | 4年（富士学園） | 5年（富士学園） | 6年（富士学園） |
|---|---|---|---|
| 1日目 | 係活動・生活の仕方を知る<br>地域散策（忍野八海） | 係活動 | ハイキング |
| 2日目 | 学級活動 | ハイキング | 自由選択活動 |
| 3日目 | 大清整 | 学級活動 | 自由選択活動<br>活動のまとめと交流 |
| 4日目 |  | 大清整 | 大清整 |

知る。教師が中心的に活動をつくる。

　5年生では，自然を体感する活動と，学級単位で活動をつくっていくことを中心に据える。クラス替えもあり，新しい仲間とみんなで活動をつくっていくことが，「この仲間と○○をした！」という仲間意識の土台となり，そこから仲間意識を高めていく。

　6年生では，自由選択活動を行う。自選活では 1.5 日分の時間をあて，残りの半日は活動の振り返りやまとめ，そして交流を行う。以前は学校に戻ってから行っていた交流を宿泊行事の中で行うことにした。また忍野村をはじめとする富士山近辺ならではの自然を味わう体験も行う。最終日は自分たちの生活を締めくくる大清整とする。

## ✎ 5年3組の学級活動紹介

　5年生（平成 29 年度）は，昨年度までは移動教室の移行期間だったため，初めての富士学園での生活・活動となった。5年生の目標は，

〈社会的スキル〉集団生活を通して仲間や教職員との交流を深める。時間行動や整理整頓などの集団生活のマナーを意識・尊重し，社会生活に必要な良識に基づいて行動する。

〈コミュニケーション能力〉普段の学校生活での経験を生かしながら集団で生活することを学ぶとともに，お互いの願いを重ね合わせながら，友達や先生と協働して活動をつくり上げ，6年生の宿泊行事につなげていく。

〈自己表現力〉富士学園やその周辺の人々の生活や自然，環境などの特性を活

かしながら，活動から生まれる達成感を追い求め，積極的に願いの実現を目指す。

　初めて訪れる地域であり，富士学園である。そこで4年生の活動の「地域を知る」という学習も5年生で補いながらの活動準備に入った。

　4日間の1・2・4日目が学年での活動で，3日目が学級の活動である。そこで3組ではクラスの活動づくりに向けて，「富士学園」の周辺の地理や山梨の特産物など個人でテーマを設定し，訪れる場所を知ることから学習がスタートした。個人で調べてきたテーマをカテゴライズし，さらに深めるためのグループ学習に発展させた。最後にポスターセッションで調べた情報などをクラス全体に共有した。

　いよいよ「学級別活動企画書」づくりだ。子どもたちには，担任がこの活動で大切にしたい視点を2つ提示した。
＊クラスの仲間全員でつくる活動であること
＊追究しがいのあるシンプルな活動であること
　すると，子どもたちは，クラスのねらいを2つ挙げた。
＊愉しさは自分たちでつくりあげよう！
＊一秒一秒を大切にし，目に焼きつけられる4日間にしよう！

　このねらいは，5-3の教室に掲げられた。

　企画書には，
①活動のテーマ
②活動に期待できること
③活動のキャッチコピー
④活動の流れ
をまとめることにした。作成者は仲間や担任と何回かやりとりをし，修正しながら作成した。いよいよプレゼンである。7つが提案された。
・浅間神社で歴史探検
・山中湖でスケッチ＆写真〜鳴沢博

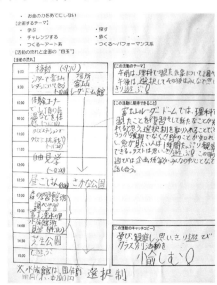

生活実践 **宿泊行事**

　物館見学

・忍野八海でデッサン

・富士山レーダードーム（気象調べ）〜森の水族館見学

・森の水族館で生きもの観察〜鳴沢氷穴の見学

・森の水族館で生きもの観察〜水鉄砲大会（富士学園庭）

・山中湖散策〜水陸両用バス試乗〜さかな公園で遊びまくろう！

　理科や社会，造形の学習を活かした活動が多い中，クラスの仲間の心を揺さぶったのはＴくんの「水鉄砲大会をしよう」であった。彼は，まだ決定していないにも関わらず，大会時に着用する新聞で作られた的になるビブスも持参し，熱く語った。ここで，こんな意見も飛び交った。「ルールやその新聞紙で作る的の説明は水鉄砲大会に決定してからでもいいじゃない？」しかし，水鉄砲大会のイメージがつかめない仲間からはどんどんと質問が出る。「できる場所の見通しはありますか？」「水鉄砲を直ぐに用意できるよう水道はいくつありますか？」つまり，何をするのか決定してから詳細を話し合うのではなく，提案時にここまでの見通し（ルールの案・道具の準備・的の作り方など）を準備しておくことが，活動を決定する上で大切なポイントであるということを学ぶきっかけとなった。話し合いの結果，３組のコースは

---

山中湖で水陸両用バス試乗➡山中湖散策（「写真集づくり」デッサン＆写真撮影）➡さかな公園（お弁当・森の中の水族館）➡水鉄砲大会（富士学園）

---

となった。

　子どもたちが，活動をつくる際に試行錯誤したのは「水鉄砲大会」のルールづくりである。「提案➡話し合い➡仮のルール決定➡学校でお試し➡修正・話し合い➡ルールの決定」というまさしく，トライ＆エラーを繰り返しながら「水鉄砲大会」というアソビを追究していった。そしてこの「水鉄砲大会」の達成感を得たことで，「アソビの追究」が３組のクラステーマとなった。２学期の藤の実フェスタでの「ライトパフォーマンス」，突然の大雪で遊ぶことができた３学期の「雪合戦」と活動が広がっていったのは言うまでもない。

　みんなが愉しめるアソビをみんなでつくることの難しさ，状況を冷静にみる

難しさ，道具の準備と心の準備の難しさ，判断力，適材適所，一人一役など子どもたちがこの「水鉄砲大会」から学んだことはたくさんある。こうして，初めての場所で活動をつくりあげた自信が6年生の自由選択活動につながっていくのだろう。

　私たちは平成27（2015）年に，「宿泊行事を軸に生活実践活動をどうつくっていくか」，生活実践部を中心に全教員で検討した。そして，各学年・活動を通して育てたい力・愉しさを追究する子ども像をまとめた。「本校の生活実践活動は，ある子どもの思いを出発点として活動をつくることが多い。しかし，個の思いはそんなに簡単に周囲の仲間に拡がっていくわけではなく，思いを受け止めてもうまくいかないことがある。『愉しさ』を追究するには問題に直面する場も必要である」と永山は文責した。まさに試行錯誤しながら体験が経験となり，クラステーマ・総合学習・藤棚の活動・自由選択活動・藤の実フェスタなどの様々な活動で子どもたちを大きく育てていると言えるのだろう。

（佐藤文恵）

# 藤の実フェスタ

## 👧📖 目指す子ども像

- 自分たちの願いや求めに応じて活動を創造し，仲間と愉しさを共有し，豊かな人間関係をつくろうとする子ども
- 学級・学年・子ども会議・藤棚の活動でつくってきた学びを生かし，発表する子ども
- 他学級，他学年の仲間との交流し，自分の活動と重ね合わせて学びを深める子ども

## ✏️ 育てたい資質・能力

|  | 人間関係 | 学び方 |
|---|---|---|
| 低学年 | つくる過程で自己を表出し，交流が成立する人間関係をつくる。<br>「私はこんなことをしてみたい」「こうしてみたら？」「○○ちゃんはこうしたいのではないか」が言える，きける，慮れる関係を丁寧につくる。 | 時間に縛られず，やりたいことにじっくり取り組む。 |
| 中学年 | 同じ目的役割（グループ）の仲間に自分が，何がしたいのか，何をしているのかを伝える。<br>同じ目的をもって活動している仲間が，「何をしているのか」「どんなことがしたいのか」を理解しようと努力し，協力する。 | 計画し，実行し，振り返る過程を大切にする。<br>結果だけに目を向けない。どんなことが上手くいき，どんなことが上手くいかなかったのかを振り返り，共有し，次につなげる態度を育てる。 |
| 高学年 | 〔5年生〕<br>仲間がどんな思いをもっているのか仲間の意見を訊き合い，学級づくりに生かす。<br>〔6年生〕<br>学校全体を意識し，主体的に交流の場をつくる（子ども会議など）。<br>学級の仲間全員に自分やグループがしていることを伝える意識をもつ。一人一人が何をしているかを理解し合い，支え合おうとする。 | 経験を基にどんなことが起こるかを予想し，計画，実行する。 |

実践編② 第3章 151

## 5年2組の学級活動紹介

### （1）自分たちが"学んできたこと"って何だろう

　藤の実フェスタまであと1カ月になった頃，5年2組では準備を始めた。最初に担任から藤の実フェスタで大切にすることを確認した。子どもたちは，お客さんを意識して「たのしませたい」という思いを一番に考え，クラスの発表内容を考えてしまいがちである。相手意識をもって発表をすることは大切であるが，自分たちが"学んできたこと"を大切にして取り組んでいってほしいと考え，子どもたちに「これまで学んできたことを生かし発表する」ということを確認した。

　子どもたちは，4月からの授業や，林間学校，日々の活動で取り組んだことを振り返りながら，どんなことを"5年2組の学んできたこと"として発表していくことがいいのかを話し合った。次のようなことがアイディアとして出された。

- ・1学期の音楽の授業で取り組んだサンバを発表する
- ・林間学校でリニア見学センターに行ったことと理科で電磁石を学んだことを合わせて発表する
- ・社会科の授業で追究した食料自給率の問題を伝える
- ・クラスで係の仲間がやっているお笑いをみんなでやってみる
- ・休み時間にみんなでやっているドッジボールの楽しさを伝える

　担任からは，フェスタ本番までの準備期間を考え，発表する内容を新たに調べることは厳しいと思うから，発表する内容はある程度自分たちの中で整理されているものを選んだ方がいいのではないかと助言した。子どもたちは，「休み時間にクラスで遊んでいることを発表したものを見たことがないから，チャレンジしてみたい」「休み時間に実習生の先生やクラス全員でやって楽しかった。その楽しさを全校に伝えたい」とドッジボールを支持する意見が多くなり，クラスで遊んでいるドッジボールを調べ，発表することになった。

### （2）休み時間のドッジボールとスポーツのドッジボール

　ドッジボールについて発表することが決まったので，次に発表する内容を話し合っていった。子どもたちが休み時間に遊んでいたドッジボールは，スポーツのドッジボールではない。子どもたちは，当然公式ルールについて知らない。

そこで,「自学」(5年2組では,漢字練習をしてきましょうという教師から指示されたことだけを宿題とするのではなく,自分で授業中に気になったことなどを調べることに取り組んでいる)で公式ルールを調べてきて話し合いの場で発表する子どもも多くいた。調べてみると,休み時間で遊んでいるものと公式ルールのものは,違う点が多数あることを知ったのである。担任から,「実際に校庭に公式ルールのコートを引いてみて,みんなでやってみたらいいんじゃない。やってみたら,お客さんに伝えるときにも分かりやすい説明ができるんじゃないかな」と声をかけた。早速,朝早く登校し,校庭にラインを引き実際に公式ルールでドッジボールをやってみた。すると,普段遊んでいるドッジボールしか知らない下級生に,公式ルールをどのように伝えていけばいいのかが子どもたちの次の問題になっていったのである。

(3) 公式ルールを伝えるだけでいいのかな？

　子どもたちは,ドッジボールについて説明するだけでなく,お客さんに公式ルールのドッジボールを体験してもらうことも考えていた。そのため,発表することはルールだけでいいのかということが話題になる。子どもたちの中から,「初めてやる人もいるかもしれないから,ボールの投げ方やキャッチの仕方を教えてあげるとドッジボールをやる人が増えるかもしれない」という意見が出され,ドッジボールの基本的な技術も教えてあげようことになる。発表する内容が決まった。次は,どのように発表していくのかを考えることになった。しかし,準備期間は残り10日を切っていた。

(4) どのように発表していこうか

　他のクラスとの調整により,5年2組は教室と体育館を会場として発表することが決まっていた。子どもたちからは,発表もドッジボール体験も体育館で全てやった方がお客さんの移動もなくていいのではないかという意見も出されたが,しっかりルールを説明したいということから教室でルールなどの説明,体育館でのドッジボール体験という流れになった。

　では,教室でどのように説明をしていくか。模造紙にルールなどを書いて,

それを読んでもらい，読んでくれたお客さんにチケットを渡し，体育館に移動してもらうというアイディアが出された。子どもたちは，ドッジボール体験だけというコースはなしにしようということで一致していた。チケットのアイディアは，いつお客さんが来るのか分からないから

人数が集まらずに試合ができない可能性が大きいということで取り下げられた。次に，劇と映像を組み合わせて発表をするアイディアが出され決定した。担任は，映像を作るのは時間的に厳しいのではないかと考え意見したが，子どもたちは「できると思う」ということだったので早速撮影を開始した。しかし，動きを決め，その動きを撮影していくというのは簡単なことではない。1時間撮影したところで，撮った映像を見た子どもたちは，「映像は無理だ」と判断した。そこで，担任は，以前担任した6年生の子どもたちが藤の実フェスタで取り組んだ「歴史時代劇クイズ」の映像を見せた。その6年生の子どもたちは，縄文時代の生活を劇で表現しながらクイズをお客さんに出すというものをつくり上げた。子どもたちは，その6年生の姿もヒントにしながら劇でドッジボールのルールや投げ方のコツを発表することにした。

### （5）本番

　迎えた本番。保護者の方や他のクラスの子どもたちがたくさん教室を訪れてくれた。予想以上に多くのお客さんが入った発表の回もあった。予定していた通りにお客さんを動かせないこともあったが，「お客さんの最後尾について体育館まで案内する」など役割分担をその場で決め直し，動く子どもたちの姿があった。また，お客さんが出ていった教室で椅子を並べ直し，次のお客さんが気持ちよく入れるように目立たないところで動く子どももいた。たくさんのお客さんに5年2組で休み時間の遊びから始まったドッジボールの楽しさを伝えるた

生活実践 **藤の実フェスタ**

めに，一人一人ができることを考え，行動する姿を数多く見ることが出来た藤の実フェスタであった。

　藤の実フェスタは，各学級が自分たちの取り組みを発表し，交流する場である。藤の実フェスタの取り組みを通して，自分のクラス，自分の学びを振り返るだけでなく，他のクラスの発表を通して次の活動への刺激をもらう時間でもある。来年度のフェスタで6年2組は，どのようなことを「自分たちの学び」として発表するのかを楽しみに子どもたちと次の活動に取り組んでいきたい。

（松本大介）

# おわりに

　「人間的な成長」とは何を指すのか，それを考えることで教育において大切なものが見えるはずである。

　そこで，本校では，自律性と共存性の涵養を学校教育の目標としてカリキュラムの軸に置き，その実現には相互啓発的な学習観の育成が肝心と表現してきた。

　今またその整理をベースにしつつ，粘り強い態度や協働する態度のもとには，好奇心，探究心，向上心などの心があり，それは子どものもつ可能性と言い換えることもできる。したがって，我々が子どもの成長を促すよい授業を希求するならば，この子どものもつ可能性が豊かに発揮される授業づくりにこそこだわるべきと論理展開をしてきたのである。

　自信はその成長しつつあるという動的手応えであり，結果ではなく心の様相であるのだから流動的とも言え，ここだと捕まえることができるものではないのだろう。
　好奇心，探究心，向上心といった人間のもつ成長素子は，うごめくほどによりよいものを求める方向へ積極性を増すのだ。

　授業研究は，以上の論を実際の「子どもとともにつくる授業」として具体化し検討する営みである。
　それは子どもの学びの原動力が生きる授業デザインになる。
　好奇心は学習に潜む価値を捉える目でもある。求めるものと条件を見極め，見通しをもつ目でもある。
　探究心は，仮説や推論の構成を求める。考えた筋道に矛盾はないか，有効なのか，研究への道のりの途中で自己批判も求められるだろう。他者との関わり

で考えが広がる場面もあるだろう。

　向上心は，研究をよりよいものにしようとする。重ねてきたことの中から，自分の求めたよいと思ったことの価値を確かめると同時に，もっとよいものがあるのではないかと予想することができる。それは学び続ける子どもの姿につながる。

　このことは，研究的には phase に整理したことでもあり，本校の研究姿勢とも対になるものだろう。


　子どもと同様，研究組織として我々は学びの共同体であることを自負してきた。

　学び続けることへの意欲に手応えを感じている。粘り強く一緒に歩き一緒に考えてくださっている藤江康彦先生に感謝である。


　本書をお読みくださった皆さんも共同体の同人である。忌憚のないご批正をお願いしたい。

副校長　栗原正治

# 平成 29 年度　東京学芸大学附属世田谷小学校

**教育研究同人一覧**

| | | |
|---|---|---|
| 松浦　　執（学校長） | 栗原 正治（副校長） | 越後 佳宏（主幹） |
| ○西川 義浩（編集） | ○齊藤　　豊（研究主任） | 大櫃 重剛 |
| ○宮田 浩行 | 面川 怜花 | 朝蔭恵美子 |
| 栗田辰一朗 | 木村 翔太 | ○稲垣 悦子 |
| 梅田　　翼 | 福田 淳佑 | 沼田 晶弘 |
| ○久保賢太郎 | 松本 大介 | 佐藤 文恵 |
| 河野 広和 | 永山 香織 | 清水　　良 |
| 森尻　　彩 | 武田　　渉 | 堀井 孝彦 |
| 丸田 文子 | 今　　里衣 | 金澤磨樹子（司書） |

○印は研究部員

**執筆者一覧**

はじめに　松浦　　執

[第1章] 理論編　齊藤　　豊／藤江 康彦

　　　　　コラム　越後 佳宏／福田 淳佑／栗田辰一朗／武田　　渉
　　　　　　　　　／梅田　　翼／金澤磨樹子

[第2章] 実践編①

　　　　　国語科：[提案] 清水　　良／[実践] 清水　　良

　　　　　社会科：[提案] 松本 大介／[実践] 松本 大介

　　　　　算数科：[提案] 稲垣 悦子／[実践] 稲垣 悦子

　　　　　理　科：[提案] 堀井 孝彦／[実践] 河野 広和

　　　　　音楽科：[提案] 朝蔭恵美子／[実践] 森尻　　彩

　　　　　体育科：[提案] 久保賢太郎／[実践] 久保賢太郎

　　　　　図画工作科：[提案] 大櫃 重剛／[実践] 大櫃 重剛

　　　　　道徳科：[提案] 面川 怜花／[実践] 面川 怜花

　　　　　総合学習：[提案] 沼田 晶弘／[実践] 沼田 晶弘

　　　　　　　　　　　　　　　　　　　[実践] 宮田 浩行

　　　　　　　　　　　　　　　　　　　[実践] 木村 翔太

　　　　　　　　　　　　　　　　　　　[実践] 西川 義浩

　　　　　健康教育：[提案] 丸田 文子／[実践] 今　　里衣

[第3章] 実践編②

　　　　　宿泊行事　　　　　佐藤 文恵
　　　　　藤の実フェスタ　　松本 大介

おわりに　栗原 正治

**学び続けるシリーズ③**
**自分の学びに自信がもてる子ども**

2018（平成30）年7月18日　初版第1刷発行

著　　　者：東京学芸大学附属世田谷小学校
発　行　者：錦織　圭之介
発　行　所：株式会社　東洋館出版社
　　　　　　〒113-0021　東京都文京区本駒込5丁目16番7号
　　　　　　営業部　電話03-3823-9206　FAX03-3823-9208
　　　　　　編集部　電話03-3823-9207　FAX03-3823-9209
　　　　　　振替　00180-7-96823
　　　　　　URL　http://www.toyokan.co.jp
装　　　帧：中濱健治
印刷・製本：藤原印刷株式会社

ISBN978-4-491-03554-3　　　　　　　　　　　Printed in Japan

JCOPY ＜(社)出版者著作権管理機構　委託出版物＞
本書の無断複写は著作権法上での例外を除き禁じられています。複写される場合は、
そのつど事前に、(社)出版者著作権管理機構（電話03-3513-6969、
FAX 03-3513-6979、e-mail：info@jcopy.or.jp）の許諾を得てください。